먹이시고
입히시나니

정 인 모

먹이시고 입히시나니

초판 1쇄 2020년 9월 1일

지은이 정인모

발행처 도서출판 카리타스

주소 부산광역시 동구 중앙대로 298(초량동) 부산 YWCA 304호

전화 051)462-5495 **팩스** 051)462-5495

등록번호 제 3-114호

ISBN 978-89-97087-34-1

먹이시고
입히시나니

정 인 모

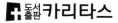 도서
출판 카리타스

『공중의 새, 들의 백합화』를 2015년에 내고 난 후 주변 지인들의 공통적인 반응은 책이 두껍지 않아 단숨에 읽을 수 있어서 좋았다는 것이었다. 물론 어떤 분은 너무 짧아 서운했다는 말씀도 하셨지만… 어쨌든 책을 한 번에 통독하는 만족감을 갖게 했으니, 그것만으로도 행복을 선사한 셈이다.

두 번째 반응은, 『공중의 새, 들의 백합화』 제 2부에서 기독교의 문제점을 나열할 뿐 그 대안은 제시하지 않았다는 것이었다.

그래서 『먹이시고 입히시나니』는 『공중의 새, 들의 백합화』의 이러한 점을 고려한 증보판이라 볼 수 있다. 이 책을 증보판으로 내는 더욱 근본적 이유는, 1,000부만 인쇄했던 『공중의 새, 들의 백합화』가 현재 모두 소진되었다는 데 있다.

또 다른 이유는, 지난번 책을 냈을 때, 그 책을 통해 하나님을 알 수 있는 사람이 생겨나고, 낙담한 사람들에게 조그마한 힘이라도 된다면 그보다 큰 소망은 없을 거라 생각했었는데, 언젠가 '효도의 집' 요양병원에서 내 책을 읽고 예수를 믿게 되었다는 분을 만났기 때문이다. 얼마나 감사한 일인지… 보잘 것 없는 책자를 통해, 가장 미련한 자를 쓰시는 주님의 역사를 본 것이다. 책은 날개가 있어 어디에서 누구에게 읽히는지는 아무도 모른다는 사실을 실감하였다.

이번 책도 『공중의 새, 들의 백합화』처럼 총 2부로 나누었다. 제 1부는 내가 살아왔던 인생에 대한 반추이며 하나님의 섭리를 드러내며 감사하는 부분이라면, 제 2부는 종전의 책과 마찬가지로 기독교인으로서 살아가면서 부딪히는 여러 문제를 내 나름의 시각에서 성경 말씀을 바탕으로 상고한 내용들이다. 다시 말해 이 증보판은 『공중의 새, 들의 백합화』에 새로운 내용을 더 첨부하여 펴내게 된다. 더 두터워져 독자들에게 약간은 더 부담스러운 면이 있겠으나, 구성에 있어 별 차이는 없을 것이다.

아무쪼록 이 글도 이전 책처럼 가볍게 읽어주기를 바라며, 혹 이 책이 하나님께 한 걸음 더 다가가는데 힘을 보탤 수 있다면 그 이상 바랄 것이 없다.

　　15년 전 어느 날 우리 교회 은퇴 장로님께서 나에게 물으셨다. 2015년에는 무엇을 할 거냐고. 당시에 교회 간증집 『다윗』에 내가 실었던 글 때문에 던지신 질문이었다. 1975년에 미션학교를 배정해주시고, 1985년에는 대학에 근무하여 학문의 길을 가게하시더니 곧 이어 인생의 소중한 반려자를 만나 결혼에 이르게 하시고, 1995년 독일 연수 때는 당시 선교사로 활동하시던 박옥희 목사님을 만나 주님의 사역에 대한 꿈을 꾸게 해 주셨으며, 2005년에는 장로로 임직 받아 교회를 섬기면서 LMTC 모로코 단기선교를 다녀오게 하신 하나님의 인도와 나의 체험을 간증한 글을 읽으셨던 모양이다.

　2015년은 이러한 과거 여정을 뒤돌아보며 새로운 도약을 준비하려고 신학교의 문을 두드렸다. 60세를 바라보며, 주님이 원하시는 도구로 쓰임 받기 위해 더 늦기 전에 등불을 준비하는 지혜로운 자가 되어야겠다는 생각에서 신발 끈을 다시 한 번 조이는 마음이었다.

　매 순간 하나님의 인도하심을 알고 느끼지만, 나의 인생의 큰 전환점은 뭐니 뭐니 해도 하나님을 처음 알게 된 순간일 것이다. 인생의 전환점을 허락하신 하나님께 감사드리는 마음으로 당시의 기억을 짧게나마 글로 표현해 본 이 책은 내가 처음으로 써낸 간증의 책이다. 독일 문학과 관련한 전공 서적을 몇 권 출판한 경험은 있지만 신앙간증에 관한 글은 처음이다. 누구에게나 자기 고유의 삶이 있고, 또 크리스천이라면 누구나 하나님과 만난 간증이 있을 것이다. 모두 하나님 앞에 귀중한 것이고 서로 존중받아야 할 것이다. 이러한 간증을 굳이 책으로 내는 이유는, 내가 지내온 삶에 이러한 형태로나마 감사드리면서, 이제 새로운 지평을 허락하실 주님의 소명을 바라보기 위한 것이 그 전부이다.

'자서전' 하면 떠오르는 유명한 사람들이 있을 것이다. 예를 들면 교부철학의 대부 아우구스티누스의 『고백론』은 그의 기독교적 회심뿐 아니라 삼위일체 등 신학 교리가 포함된 고전서이고, 괴테의 자서전 『시와 진실』은 세계적 작가 괴테의 문학 사상을 녹여낸 집약체라고 할 수 있다. 자서전은 이렇듯 위인의 사상을 자전적 형태로 담아내고 있는 훌륭한 책이라는 것이 우리의 일반적 인식인 것이다. 그렇다고 하여 자서전은 모두 이처럼 대단한 사람들만 쓰는 것이라고 생각해야 하는가? 누구에게나 각자의 고유한 삶이 있듯이, 우리 같은 범인들도 일회적이고 소중한 이 삶을 전기로 써내려갈 충분한 이유가 있는 것은 아니겠는가?

독일 사람들은 책을 많이 읽는 민족으로 알려져 있다. 그런데 그들은 또한 일기쓰기를 즐기는 민족이기도 하다. 대단한 작가들뿐만 아니라 일반 시민들도 일기쓰기가 습관화되어 있는가 하면, '자서전 쓰기' 캠페인 같은 것도 낯설지 않다. 일기나 자서전은 지나온 삶을 성찰하고 새로운 삶의 동기를 만들어낸다. 다시 말해 '그냥 살아가는' 것이 아니라 '생각하며, 사유하며' 살아갈 때 우리의 삶이 더 윤택해 질 수 있다는 말이다. 이런 의미에서 임

겐베르크 Imgenberg 말 대로 "자아의 사적인 성장 이야기"인 자서전은 "개인적 기억 총합 이상의 것"이라 할 것이다.

이런 생각에서 조그마한 나의 신앙 체험기를 세상에 내 놓는 바이다. 짧은 분량이지만 이 책은 2부로 구성되어 있다.

제1부는 하나님을 만났을 때의 전·후 상황을 기술한 것이고, 제2부는 신앙생활을 하면서 평소에 느꼈던 개인적인 소회를 간략하게 적은 것이다. 이 책자가 자연과 다른 사람들에게 폐가 되지 않기를 바라는 마음이다. 다만 영원한 주主시요, 살아계시고 역사하시면서, 한 번도 실망시킨 적이 없는 그 분의 손길에 의지하면서 말이다.

| 목차 |

2부 바라봄

1부
이끌림

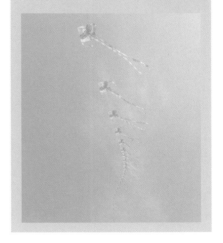

이끌림

　예수님을 구세주로 영접한 지 45년이 되었다. 물론 칼빈 선생의 예정설에 의한다면, 이미 나는 구원 받을 하나님의 자녀로 선택되어 있었지만 말이다. 지금까지 나의 삶을 돌아볼 때 내가 삶을 드라이브drive 해 왔다고 생각했지만, 주님께서 인도하시고 지금까지 이끌어 주신 것임을 믿을 수밖에 없다. 즉 주님의 손길에 의해 드리븐driven 된 것이다.

　45년 간 나의 인생의 국면은 굽이굽이 하나님의 인도하심과 축복하심으로 가득 차 있음을 느낀다. 따스한 주님의 손이 지금까지 내 손을 꼭 붙들어 주시고 인도하여 주셨던 것이다. 이런 섬세한 인도하심을 느낀 적도 있었지만, 느끼지 못한 때도 많았다. 그러나 삶의 구석구석마다 그 분의 인도하심과 이끌어주심의 은총을 어찌 다 말할 수 있으랴.

주님여 이 손을 꼭 잡고 가소서
약하고 피곤한 이 몸을
폭풍우 흑암 속 헤치사 빛으로
손잡고 날 인도 하소서

인생이 힘들고 고난이 겹칠 때
주님여 날 도와 주소서
외치는 이 소리 귀 기울이시사
손 잡고 날 인도 하소서

(복음송, '주님여 이 손을 꼭 잡고 가소서')

　　지금 꼭 브니엘 고교에 입학한 지 45년, 내성교회 출석한 지도 45년, 하나님을 알게 된 것도 45년이 되었다. 과거에 인도하셨던 하나님, 미래에도 인도해 주실 것을 믿으며 하루하루 성령에 이끌려 살아가기를 소망해 본다. 인생의 구비마다 빈틈없이 채워주시고 인도하신 주님의 따스한 손길에 그저 감사할 뿐이다.

봄

나는 경남 울주군 웅촌면에서 1959년 8월 16일에 2남 4녀 중 막내로 태어났다. 당시 부친은 웅촌중학교 교장이었고, 아들을 많이 바랐던 터라 13년 만에 난 아들이라고 교장이었던 부친이 직접 장을 보고 모친의 산후조리를 도왔다고 한다.

7세까지 웅촌에서 자란 나는 어린 시절 시골의 정취를 느낄 수 있었다. 어린 시절이었지만 지금 어렴풋이 아니면 또렷이 생각나는 것들이 몇 개 있다.

집안의 종교가 불교였음에도 불구하고, 유일한 유치원을 운영한 웅촌교회 유치원에 다녔던 기억이 난다. 교회의 마룻바닥은 늘 뛰어 놀기 좋아서 뛰어 다니다 혼난 일도 있었지만, 장난감을 마음껏 가지고 놀 수 있었던 것이 좋았다.

누나들을 따라 개울에 나가 멱을 감기도 했고, 새벽에 밤도 몰래 따다 동네 주인에게 들켜 줄행랑치던 때도 있었으며, 동네 형,

누나들과 산에 칡을 캐러 간 것도 기억난다. 옆 집 소 발굽에 밟혀 혼이 났던 기억도 나고, 심심해서 부친이 근무하던 교장실에 가서 부친에게 과자 비 달라고 조르다가, 버릇고친다고 부친은 방문을 잠그고, 모친에게 빗자루로 마루에서 종아리를 호되게 맞은 것도 기억난다. 부모님께 매 맞은 유일한 기억이다.

좀 더 어릴 때인지는 모르지만, 춧담에서 떨어져 내가 다리를 절게 된 모양이었다. 모친이 나를 업고 부산까지 나와 병원이란 병원은 다 다닌 결과 겨우 내 다리를 다 낫게 했다는 이야기를 들었다. 중학교 들어가서부터 축구를 무척 좋아하는 것을 본 부친이 늘 걱정스레 하시는 말씀이, 실컷 다리 낫게 해줬더니 위험한 축구를 한다고…

웅촌중학교 운동장 바로 앞에 있던 일명 꽃동산이라 부르던 곳은 나의 놀이터였다. 또래 얘들과 뛰놀며 놀던 곳은 항상 유년시절의 봄날이었고 부모님의 사랑이 지켜주던 따스한 추억이었다. 웅촌 중학교에서 멀리 내다보이는 장례식 장면은 정말 어린 나에게 신기했다. 상여가 지나가며 불리는 노랫소리, 송편 떡… 우리는 그 떡을 얻어먹기 위해 장례식에도 따라다녔던 것 같다.

교장 선생님 사모님인 어머니는 무남독녀이셨다. 그래서 외할아버지를 모시고 사셨는데, 내 바로 위의 누님을 외할아버지가 업고 감나무에 올라가셨다가 떨어지는 사고도 있었단다.

내가 막 7살 되었을 때 부친이 김해 대동중학교로 발령 나는 바람에, 우리 가족은 김해 대동으로 이사를 왔다. 그런데 부모의 교육열 때문인지, 우리 가족은 얼마되지 않아 김해에 붙은 부산 변두리 구포로 이사를 했고, 부친은 통통배나 자전거를 타시고 대동까지 출퇴근 하셨다. 나는 부산 변두리에 있는 구포국민학교 1학년으로 입학했다. 아마 부산에서 교육시키려는 부모님의 정성이리라. 그러니 대동에는 거의 10개월 정도만 산 샘이다. 대동에서 기억나는 건, 남의 집에 세 들어 살았기 때문에, 주인 눈치를 좀 보게 되었다는 것. 내가 손대지도 안았는데, 참외가 없어졌다고 주인에게 야단맞았던 일, 사다리에 올라가고 싶어 조금 올라갔다가 주인한테 혼났던 일, 대동에는 별로 유쾌하지 않은 기억만 남아 있었다. 한 번은 내가 학교에 가고 싶어 해서 두 살 많은 누나를 따라 대동국민학교에 간 적이 있었다. 그날은 무슨 야외에서 도시락을 까먹은 기억이 나는 걸 보면 정식 수업하는 날은 아니었던 것 같다.

구포의 우리 집은 국민주택 6채 중 하나로, 당시 꽃 정원이 딸려 있어, 온갖 종류의 꽃이 집 안에 가득했다. 그래서 학교 선생님 교탁의 꽃은 늘 내 당번이었다. 특히 장미와 국화는 거의 종류별로 다 있는 듯했다. 어릴 때 기억으로 어머니의 건강이 좋지 않았지만 가계에 보탬을 주기 위해 서면까지 나가서서 장미를 파셨던 기억이 난다. 이후 어머니가 고혈압으로 가끔 쓰러져서 의사가 집으로 왕진해서 치료를 받던 장면이 떠오른다.

그런데 나의 일생일대의 비극적 사건이 4학년 겨울에 생겨났다. 어머니가 돌아가신 것이다.

우리 집은 지대가 낮아 배수가 잘 되지 않아 어머니는 빨래를 늘 근처 개울가까지 가서 하셨다. 그날도 유독 추운 겨울날이었는데, 빨래를 하시다 그만 혈압으로 쓰러져 물에 빠진 것이었다. 리어카에 실려 구포에서 가장 크다는 갑산병원으로 옮겨져 응급처치를 받았으나, 입원한지 이틀 만에 어머니가 돌아가신 것이다. 12월 24일. 성탄전야. 돌아가신 그날 새벽, 형님은 군대 가고 큰누님은 출가하셨고, 누님 두 분과 함께 자고 있는데, 병원을 지키던 둘째 누님이 어머니 입힐 수의를 가지러 집에 와서 새벽에 장롱을 뒤지는 것이었다. 나는 자는 척 하면서도 어머니가 돌아가신 것을 알 수 있었다. 무섭기도 하고 슬프기도 하고, 초등학교 4학년인 어린 나에게 청천벽락 같은 소식이었다.

캄캄한 밤 사나운 바람 불 때
만경창파 망망한 바다에
외로운 배 한 척이 떠나가네
아 위태 하구나 위태 하구나
(찬송가 345장 '캄캄한 밤, 사나운 바람 불 때')

시련

어머니가 돌아가신 후로 나는 세상을 비관적으로 볼 수밖에 없었다. 갑작스레 떠난 어머니를 생각하면서 인간의 죽음과 인생의 덧없음을 생경하게 체험하게 되었고, 한참 밝게 커야 할 어린 나에게 인생의 어두운 면을 처음으로 경험하게 된 충격이었다.

입을 닫았다. 마음도 닫았다. 이제 완전한 외톨이가 된 나는 모든 것을 슬프게 보고 비관적으로 보게 되는 습관을 가졌다. 남들이 보기에 좋게 말하면 조숙한 아이였지만 나의 유년 말기는 어둠의 연속이었다. 특히 새어머니가 오신 후에 더 그랬다.

어머니가 돌아가신 후 아버님은 재혼을 하셨다. 가족회의를 했는데, 나와 두 살 위인 막내누님, 다섯 위인 셋째 누님은 재혼에 반대하였고, 당시 국민학교 예비교사였던 둘째 누님만이 아버지의 결혼에 찬성을 했다. 계모에 대한 거부감정 때문이었는지 모르지만, 우리 셋은 싫다고 했다. 그래도 아버지는 재혼을 하셨다. 가족회의는 당신이 결혼을 결심하시고 연 형식적 회의였다. 국민학교 나온 새어머니. 많은 수의 자녀들을 위해 교장이셨던 본인의 수준을 퍽이나 낮추어서 재혼을 하셨다.

돌아가신 어머니는 교장 사모님이었지만 늘 남루한 옷을 입고 생활고에 시달리면서도, 자녀들을 따뜻하게 품어주셨다면, 새로 들어오신 어머니는 젊었고 도대체 정이 가지 않은 분이었다. 돌아가신 어머니의 치마폭은 젖었어도 포근했다면, 우리에게 잘 하려는 새 어머니의 노력은 늘 겉돌고 있었다. 정을 주고 싶어 하는 바람도 늘 허사로 돌아가고 말았다.

아버지는 어머니가 돌아가시자마자 그 집이 재수 없다며 동래로 이사를 했고, 나도 구포국민학교의 친구를 떠나 동래에 있는 내성국민학교를 다니게 되었다.

이후 동래에서 가장 전통 있다는 명문 동래중학교에 추첨으로 진학하게 되었다. 추첨으로 중학교를 진학한 세 번째 학년이었다. 공부는 그럭저럭 했지만 어머니의 사랑은 채울 수가 없었다.

중학교 중반기 즈음 고교평준화정책이 발표되었다. 명문고를 가기 위해서 열심히 공부해야 할 필요도 없었고, 일단 공부에서 해방되었으니 놀 생각밖에 없었다. 그래서 지금도 중학교 시절을 생각하면 밤늦게까지 축구하던 생각밖에 없다.

3학년 담임선생님은 주익중 선생님이셨는데, 주기철 목사님 후대라고 들었고, 동현 중학교 교장으로 계시면서 장전교회 장로로 시무하셨다. 나하고는 전화 통화 후 몇 달 안 되어 암으로 세상을 떠나신 분이셨다.

　말을 잘 듣고 순했던 나는 표면적으로는 부모님에게 순종했지만, 나의 내면적 갈등은 엄청나게 커져만 가고 있었다.

　한 번은 이런 일이 있었다. 나는 초등학교 때부터 일기를 계속 써왔는데, 중 3 때일 것이다. 일기장에 나의 고민을 갈겨 적고는 "계모란 다 이런가?"라고 적었던 것을, 내가 학교 간 사이 내 방을 정리하던 어머니가 읽은 것이었다. 곧바로 주말에 오시는 아버지에게 일러 바쳤고, 나는 바로 아버지께 불려갔다. 호되게 야단치실 것 같았는데, 아버지의 반응은 의외였다. "내가 미안하다. 너한테. 정말 미안하다."라고 하시지 않는가? 나는 그냥 울어버렸다. 아버지께 무릎 꿇고 잘못했다고 싹싹 빌었다. 다시는 그러지 않겠다고.

　아버지께 용서를 빌고 잘못을 구했지만, 내 마음 속에는 어머님에 대한 서운함이 깊어져만 갔다. 왜 남의 일기를 보지? 정말 무식한 분이구나! 마음속에 어머니에 대한 존경심이 없다보니 철없이 그렇게 생각했던 것이다. 어쨌든 이번 일에서도 나타났지만, 아버지의 나에 대한 사랑은 끔찍했다. 나의 삶이 빗나가지 않았던 게 정말 아버지의 사랑 때문이었다. 어쨌든 새어머니는 당신의 사랑을 나에게 주려고 했지만, 내 마음 속에는 늘 공허한 뭔가가 있었다. 본 어머니의 사랑이 빠져버린 것이었다.

　일본에서 불교철학을 전공한 독실한 불교신자이셨던 부친은 기독교인 어머니와의 재혼을 위해 어머니가 교회 다니는 것을 허락하셨던 같다. 큰 방에 놓여있는 어머님의 찬송가와 성경을 처음

본 나는 신기하게 또 낯설게 뒤져보기도 하였다. 십자가 금목걸이까지 사주셨던 부친은 2~3년이 지나자 어머니의 신앙생활을 방해하셨다. 어머니는 내가 대학 4학년 올라갈 때 아버지께서 돌아가신 다음부터 자유롭게 신앙생활 할 수 있었다. 그때는 나도 이미 크리스천이 되었지만 말이다.

그런데 지금 생각해 보면 새어머니의 사랑이 얼마나 깊었는가를 느낄 수 있다. 그리고 내가 크리스천이 된 데는 새어머니의 기도 후원이 분명 있었을 것이다.

그 누가 나의 괴롬 알며
그 누가 슬픔 알까
주밖에 누가 알아주랴
영광 할렐루야
나 자주 넘어 집니다 오 주여
나 자주 실패 합니다 오 주여
그 누가 나의 괴롬 알며 그 누가 슬픔 알까
주밖에 누가 알아주랴
영광 할렐루야
(찬송가 372장 '그 누가 나의 괴롬 알며')

새 생명

　내 인생의 터닝 포인트를 말하자면 뭐니 뭐니 해도 예수님을 알게 된 사건이라 할 수 있다. 그리고 이 사건의 계기가 된 것은 나의 고등학교 진학이다. 고등학교 평준화정책은 1974년 입학생부터 적용되기 시작했는데, 나의 경우 1975년에 고등학교에 진학했으니 평준화정책 2년째 입학생인 셈이다. 나는 축구부가 있고 전통이 깊은 부산의 명문 동래고등학교에 진학하고 싶었다. 그런데 동래고등학교는 당시 추첨 구슬 20번, 브니엘은 18번. 두 학교 다 10학급으로 규모가 가장 컸기 때문에, 다들 자기 번호가 동래고등학교가 되면 좋겠다고 생각했다. 그런데 내 번호 18번이 브니엘고등학교였다.

　나는 원했던 학교를 배정받기는커녕, 이름만 들어보았지 위치도 모르는 학교에 가게 되었다. 배치고사를 치기 위해 물어물어 학교를 찾아가야 할 지경이었다. 그런데 그때 브니엘고등학교를 배정받지 못했으면 나는 하나님을 알지 못했을 것이다. 그래서 그때 뽑은 구슬 번호 18번이 내가 가장 좋아하는 숫자가 되었다.

원하지 않는 미션학교 진학이 대부분의 학생들에겐 불만의 요인이 되었다. 특히 매일 드리는 방송 예배와 성경 수업은 도저히 적응할 수 없는 낯선 경험이었다. 하지만 나는 1학년 B반 때 박복기 담임선생님의 지속적인 관심과 전도에 대한 열의, 또 인격적인 뒷받침 덕분에 1학년 2학기에 주님을 받아들이고 교회에 출석하기 시작했다. 그때 나간 내성교회에 지금까지 다니고 있으니 만 45년째 출석하고 있는 셈이다. 사랑과 은혜가 충만한 내성교회에 출석하여 지금까지 신앙을 지켜오게 하신 주님께 감사드리지 않을 수 없다. 그리고 고등학교 때 교목이셨던 이정삼 목사님은 온갖 열정으로 우리를 이끌어 주셨고, 특히 고등학교 때 1년에 한 번 수업 전폐하고 3~4일 정도 열리던 '중생회 Are you born again?'는 성령의 은혜를 체험하는 놀라운 기회가 되었다.

예수를 믿게 되자 정말 모든 것이 변해버렸다. 뚜렷한 목표도 없이 방황하던 나에게 삶의 목표와 의미를 주신 주님을 찬양하게 되었다. 허무했던 세상이 의미로 꽉 채워질 수 있었고, 그렇게 낯설었던 학교가 너무나 친근한 나의 보금자리가 되었다. 불평불만과 환멸 가득한 헛된 삶을 좇는 것이 아니라, 주님과 더불어 멋지고 화려한 삶을 계획할 수 있게 되었다. 십자가의 삶, 생명의 삶, 의미 있는 삶이 바로 이 기적 같은 미션학교 배정으로부터 시작되었다.

두려움이 변하여 내 기도가 되었고 전날의 한숨이 변하여 내 노래가 되었다. 내 맘에 한 노래 있어 나 즐겁게 부르는 행복을 누릴 수 있게 된 것이다. 나의 영원하신 기업이 생명보다 귀하다고 고백할 수 있게 되었다. 그리스도 안에 있는 나에게는 이제 그 무엇도 두려울 리 없으며, 이제 내가 무엇을 하든, 그리스도와 함께라면 성공으로 이끌 수 있을 것 같았다.

어린 시절의 아픔은 하나님을 받아들이기 위한 전제 토양이었다. 어린 시절의 이러한 고통과 어려움이 없었다면 나는 그저 세상의 가치관에 따라 성공을 위해 살았을 것이다. 브니엘에 가서 좋은 신앙인을 만나지 않았다면 그리될 가능성이 많았을 것이다. 아니, 내 인생이 어떻게 흘러갔을지 알 수 없다.

나는 부끄러움이 많고 말도 어눌하며 지나치게 내성적인 성격이었다. 앞서 약간 언급했지만, 나의 중학교 시절은 온통 좌절과 갈등 속에 빠져 있었다. 인생의 목표가 없었을 뿐 아니라 인생을 저주했으며 자살도 하고 싶었고, 모든 게 허무하게 보이고 비뚤어져 보이니 세상을 제대로 살 수 있었겠는가? 그런데 이러한 시기를 넘길 수 있었던 것은 아버님의 지극한 사랑 때문이었고, 얼굴도 모르는 웅촌교회 유치원 교사, 또 새어머니의 기도가 분명 있었으리라.

여러 부모님들이 자기 아이들을 진정으로 품어주고 사랑한다면 그 아이들은 절대로 빗나가지 않을 것이다. 그런데 혈육의 아버님 사랑도 이렇게 지극한데, 하늘에 계신 아버지의 사랑은 얼마나 더 위대한지! 『공중의 새, 들의 백합화』에는 이러한 것이 깔려 있다.

이 간증집을 읽으신 분은 아시겠지만, 어떻게 이렇게 하나님을 쉽게 영접할 수 있을까라고 생각했을지 모른다. 어떤 분은 그 책을 읽고 인생이 아주 평탄하셨네요, 라고 말하기도 했다. 하지만 이러한 데는 나의 이러한 비통한 청소년기의 아픔과 절망이 있었기에 가능했던 것이다.

신앙을 가진 후, 나는 새어머니를 이해하고 그 분께 잘 하게 되었다. 신앙을 가지니 나에게 어머니가 두 분이나 되었다고 생각되었다. 모든 게 감사했고, 유년시절 물질적으로는 비교적 유복하게 자랐지만, 정신적 장애가 큰 나에게, 바로 예수님이 오셨던 것이다. 초판 『공중의 새, 들의 백합화』에 실린 드라마틱한 주님과의 만남 사건도 나의 유소년기의 아픈 상처 없이는 설명되기 힘들 수도 있을 것이다. 하지만 어쨌든 하나님의 크신 은총이 임재해서 새로운 삶이 시작된 것이다.

물 위에 생명줄 던지어라
누가 저 형제를 구원하랴
우리의 가까운 형제이니
이 생명 줄 그 누가 던지려나
생명줄 던져 생명줄 던져
물속에 빠져간다
생명줄 던져 생명줄 던져
지금 곧 건지어라
(찬송가 500장 '물 위에 생명줄 던지어라')

나는 너무나 큰 축복을 받았다. 내가 근무하고 싶었던, 연구와 교육하는 직장도 가지게 되었고 사랑하는 아내도 만날 수 있었고, 45년간 출석하고 있는 내성교회에서 많은 신앙의 성숙과 사랑을 받을 수 있었다. 이 모든 것이 하나님의 은혜이다. 나의 경우 개천에서 용이 났음에 틀림없다. 말도 제대로 못하고, 늘 사회 부적응자처럼 패망할 수밖에 없었던 내가 여러분과 함께 하나님 은혜를 나누고 있다. 이것이 기적이 아니고 무엇이겠는가?

이 모든 것에 하나님의 선한 이끄심이 분명 있었으리라!

"18번"

고등학교 평준화 정책은 1974년 고교 입학생부터 시작되었다. 1975년 고등학교에 진학한 우리 학년은 평준화 이후 추첨에 의해 학교를 배정받은 두 번째 학년이다. 꼭 45년 전 하나님은 구슬에 새겨진 18번으로 브니엘 고교를 배정받게 해 주셨다. 그런데 이곳에서 나는 엄청난 사건을 경험하게 된다. 만군의 주이시요 만유의 왕이신 하나님을 만났다는 사실이다.

당시 브니엘은 소위 명문고도 아니고 그저 이름만 들어본 연산동 변두리의 조그마한 학교에 불과했다. 배치고사를 치르기 위해 어딘지도 모르는 학교를 처음으로 방문했을 때 여기 배정된 친구들은 '여기서 대학이나 제대로 가겠나?' 하는 내심 불안한 마음에서 푸념을 늘어놓으며 우리의 고등학교 시절을 시작했던 것이다.

아침마다 드리는 방송 예배 시간. 원하지도 않은 학교에 들어와 강압에 의해 찬송을 부르며 예배한다는 것에 얼마나 불만이 컸던지, 반항도 하고 엎드려 자기도 하면서 불만을 나타내 보이기도 했다. 매주 교목 선생님이 들어와 성경을 가르치는 것도 처음에는 도저히 적응이 되지 않았고, 학교에 대한 불신이 일단 컸기에 오히려 반감만 높아져 갔다.

그런데 어느 날, 지금은 장로로 은퇴하신 박복기 담임선생님께서 몇 명의 학생을 부르시며 교회 나갈 것을 권유하셨다. 즉석에서 나온 나의 반응은 "이성교제나 할 교회에 뭣 하러 나갑니까?"였다. 그 당시 서울로 전학 간 친구가, 이성교제가 자유롭지 못한 당시에 교회가 이성교제하기 가장 적합한 곳이라고 얘기한 게 기억이 났던 것이다. 선생님의 즉각적이고도 단호한 반응이 나를 의아하게 했다. "교회는 하나님과 대화하는 곳이야!"

나는 그때부터 고민에 싸였다. 대화? 하나님과? 하나님과 무슨 대화를 한다는 것이야? 하나님이 신이라면 신과 어떻게 대화한단 말인가? 1학년 1학기 초에 내 머리는 온통 낯선 기독교 신의 문제로 뒤엉켜 버렸다.

미칠 것 같은 이 세상, 미칠 것 같은 이 세상
주여, 내 기도 들어 주소서
세상 어디 가나 슬픔뿐이요
먹고 자고 애써 일할 뿐
하나님의 뜻은 무엇입니까
주여 나는 무엇 하리까

미칠 것 같은 이 세상, 미칠 것 같은 이 세상

주여, 내 기도 들어 주소서

어둠 속에 손펴 도움 바랄 때

밝은 빛이 돌연 비춰네

예수님이 서서 눈물 흘리며

지체 말고 오라 하시네

(복음송, '미칠 것 같은 이 세상')

그 시절부터 막 유행하기 시작한 복음송 중에 내가 알게 된 이 노래는 나의 처지를 말해주는 것 같았다. 이처럼 내 머리는 학교 공부보다는 온통 신과 인간, 삶과 죽음, 과거의 가치와 미래의 삶 등의 고민에 싸여있었고, 이렇게 혼란스런 가운데 한 학기를 보냈다. 지금 생각하면 그 선생님의 준비된 멘트 한 마디가 나의 종전의 삶을 뒤흔들어 놓았던 것이다.

신앙을 갖지 않은 친구들이 지금도 가끔 나를 놀린다. 내가 크리스천이 되었으니, 적어도 인모에게는 브니엘 미션교육이 성공한 것이라고. 하지만 나는 브니엘이 나로 인해 성공한 것이 아니라, 내가 브니엘에 의해 성공을 얻었다고 생각한다. 정말 그때 그 담임선생님의 준비된 멘트와 관심, 열의, 주님 말씀의 단호한 실천이 없었으면 어떻게 되었을까 하고 생각하면 지금도 아찔하다.

정말 브니엘로 말미암아, 소위 팔자 고치고 대박 난 인생을 살게 된 것이다.

'폭탄'과 새벽기도

아직도 그 순간이 또렷이 기억난다. 이렇게 질풍노도의 한 학기가 끝나고 9월 초순이 되자, 교회에 가 봐야겠다는 생각이 마음 한구석에 들었다. 하나님을 믿고 싶었지만, 교회에 나가고 싶었지만, 선뜻 행동으로 옮기기가 쉽지 않았다. 어느 교회를 나가야 하는지, 어떻게 믿어야 하는지 황망할 따름이었는데, 그렇다고 다른 분들한테 조언을 구하기도 맘이 내키지 않았다. 담임선생님은 그저 집 가까운 교회에 가라고만 말씀하시고…. 반 친구들이 하나 둘씩 교회에 나가기 시작했다. 특히 우리 집 바로 앞에 있었던 동래중앙교회(이전하기 전)에 많이 출석하고 있었다. 하지만 나는 신神은 1:1로 만나야 한다는 고지식한 생각에서, 동래중앙교회에서 약 100미터 정도 떨어져 있는 내성교회로 갔다. 그것도 주일 예배는 겁이 나서 못가고, 수요예배에 처음 참석하게 되었다. 지금도 기억이 생생하다. 새로 건축하기 전의 교회당 맨 뒤쪽 구석에

쪼그리고 앉아 예배를 드렸다. 뭐가 뭔지 전혀 알 수 없는 어리벙벙한 상태에서 내 입술에서는 "아버지!"라는 고백이 나왔다. 나 자신도 놀랐지만, 이건 분명 하나님이 인도하신 것이라는 확신을 가지게 되었다.

평안으로 임재하시는 하나님의 사랑과 은총을 느낄 수 있었다. 그때는 알 수 없었지만 무언가 표현 못할 성령님의 감동하심과 위로하심이 심령 한가운데로 흘러들어왔다. 이제 어떠한 것이라도 이해하고 사랑할 수 있을 것 같았고, 무엇보다 내 삶의 목표를 찾을 수 있겠다는 확신이 조금씩 들기 시작했다.

나를 주님께로 인도한 담임 영어선생님은 하나님과의 만남을 '폭탄 bomb-shell'에 비유하셨는데, 과연 그 엄청난 위력이 내 삶에 변화를 가져온 것이다. 지금까지의 모든 게 파괴되고 다시 무언가가 내 속에서 재창조되는 듯한 느낌이 들었다.

> 그 두려움이 변하여 내 기도 되었고
> 전날의 한숨 변하여 내 노래 되었네
> 주님을 찬송하면서 할렐루야 할렐루야
> 내 앞길 멀고 험해도 나 주님만 따라 가리
> (찬송가 370장 '주안에 있는 나에게' 2절)

고등학교 때 새벽기도를 통하여 신앙의 맛을 체험할 수 있었다. 수영로교회 원로목사이신 정필도 목사님께서는 학창시절 하루 3

번 교회에 나가서 기도하고 미래의 비전을 꿈꾸셨다고 하지만, 나는 종종 새벽에 나가 하나님께 기도하는 게 최고의 행복이었다. 그때는 이것이 어찌 그리 큰 기쁨이었는지 모른다.

또 그때 가장 친했던 친구와 함께 새벽기도 나갈 때가 있었다. 바로 근처에 사는 친구였는데, 새벽기도가 시작되기 30분전 교회당에 미리 들어가, 한 사람은 제일 앞에, 한 사람은 가장 뒤좌석에 앉아 기도하였다. "하나님, 제 인생을 당신이 기뻐하는 삶으로 드리기를 원합니다! 하나님을 위해 꼭 필요한 사람이 되게 해 주시옵소서! 이제는 하나님만을 믿고 이 세상을 살아가기를 원합니다. 나를 받으시옵소서"

나 주의 믿음 갖고 홀로 걸어도
나 주의 믿음 갖고 노래부르네
폭풍구름 몰아치고 하늘 덮어도
나 주의 믿음 갖고 실망치 않네
주는 내 친구 진실한 친구
세상 끝까지 주를 믿으리
나 주의 믿음 갖고 홀로 걸어도
나 주의 믿음 갖고 노래 부르네
(복음송, '나 주의 믿음 갖고')

교사의 길

　직업이 교사밖에 없는 줄 내가 알았다면 거짓말일 것이다. 하지만 그 정도로 내 주변 사람은 온통 교사뿐인 것 같았다. 당시 중학교 교장이었던 부친을 필두로, 한 분밖에 없는 형님은 수학 교사였고, 누님 4명 중 3분은 자형까지 모두 부부교사였다. 그리고 한 분뿐이셨던 큰 아버님 또한 교장선생이셨다. 엄격한 가정교육 속에서 자라났지만 부모님으로부터 크게 야단맞은 기억이 없는 걸 보니 그리 속은 썩이지 않는 모범생이었는지 모른다.

　다만 고등학교 때부터 나가기 시작한 교회 때문에 부친께 야단맞은 적은 몇 번 있었다. "실컷 키워놓았더니 예수한테로 가 버렸다"고 얼마나 서운해 하시는지. 그리고 서울 큰 아버님 댁에 다녀오시면 "인모는 다 좋은데 왜 서양종교를 믿는지 알 수 없다"고 얘기 하시면서 따끔히 질책하시던 때가 생각난다. 그도 그럴 것이 큰 아버님과 부친은 모두 일본 교토의 한 대학에서 불교철학을 공부하시던 분이 아니시던가? 백부님 댁에 가면 집안에 불상이 모셔져 있었고, 백부님은 아침마다 목욕 재계하고 부처 앞에 제祭를 올리시던 분이니, 오죽 했겠는가? 그런데 백부님의 두 따님도 알고 보니 미션학교 이화梨花를 나와 기독교 신앙을 가지고 있었던 것이다.

어쨌든 서울에 다녀오시면서 섭섭해 하며 부친이 나에게 그런 말씀을 하셨을 때는 혼자 골방에 들어가 눈물을 많이 흘리기도 했다. 아무런 울타리도 없이 홀로 내버려진 느낌! 그러나 주님이 위로하고 계셨다. 나의 아픈 마음을 싸매주시고, "너를 지명하여 세운다"는 주님의 강한 음성이 내 맘 속에서 울려나는 것을 느낄 수 있었다. 서럽던 마음이 하나님의 사랑으로 채워졌다.

훌륭하신 선생님으로부터 전도 받은 나는 예수님의 존재를 알려주고 싶었다. 고민하고 방황하는 청소년들에게 내가 알고 있는 살아계신 예수님을 증거하고 싶었다. 방황하던 나 자신이 인생의 목표를 찾은 것처럼, 인생의 가장 멋진 선물을 누군가에게 주고 싶었던 것이다. 내가 주님 안에서 인생의 목표를 찾았다는 것이 얼마나 행복한지 몰랐다.

그렇게 해서 나는 사범대학에 진학했다. 교사로서의 자질을 갖추기 위해 교육학의 기본이라는 루소의 『에밀』도 읽고, 교직 과정에서 소개 받았던 교사 혹은 교육에 관한 책도 많이 사서 읽었으며, 특히 소양을 쌓기 위한 교양서적도 제법 읽었던 것 같다. 그때 나는 인문교육계열로 입학해서 국어과, 영어과, 독일어과, 불어과, 교육학과 가운데서 전공을 선택할 수 있었다. 하지만 그토록

가고 싶었던 영어과가 아닌 독일어과에 진입하게 되었다. 그때는 약간 자존심이 상하기도 했지만, 외국어를 두 개 한다는 장점이 있다는 것으로 위로를 삼고 열심히 노력하였다. 그런데 웬 일인가? 하나님 말씀을 더 잘 이해하기 위한 서적을 읽거나 신학을 위해서는 독일어를 전공한 것이 얼마나 잘 한 일인가 새삼 깨닫는다. 하나님께서 예비하시는 일에 그저 감사할 뿐이다.

그런데 문제는 4학년 교육 실습 때였다. 대학에서 나름대로 노력은 했다지만, 교단에 서서 내가 학생들에게 교훈적인 말을 전하고 인격적인 교사가 되기에는 너무 부족하다는 것을 느끼게 되었다. 방황하는 청소년들을 선도하기에는 내가 너무 무식하고 아는 게 없다는 생각이 불현듯 들었다. 그래서 일단은 공부를 좀 더 하기로 작정하고 대학원에 진학하였고, 그러다 보니 지금은 대학생을 가르치는 교수가 되어 있다.

> 내 갈길 멀고 밤은 깊은데
> 빛 되신 주
> 저 본향 집을 향해 가는 길
> 비추소서
> 내 가는 길 다 알지 못하나
> 한 걸음씩 늘 인도하소서
> (찬송가 379장 '내 갈길 멀고 밤은 깊은데')

교사의 힘, 교목의 힘

　브니엘의 교목으로 계셨던 이정삼 목사님은 그 당시 우리들의 인기 스타이셨다. 교회 나가고 안 나가고, 신앙이 있고 없고를 떠나 그 분은 많은 학생들에게 인기가 있었고 엄청난 영적 파워를 가지신 분이셨다. 성경시간에 들어오시면 미션학교 배정으로 불만이 있던 학생들에게 바로 성경이나 기독교 교리를 가르치지 않고, 재미나는 얘기로 한창 웃기면서 학생들의 마음을 열게 한 다음, 당신 표현대로 '예수 비슷한 것'을 웃고 있는 학생들의 입에 넣어주시는 것이었다.

　지금도 머릿속에 생생한데 이를테면 이런 얘기다.

　당신께서는 청년시절에 인생에 대한 고민이 너무 심해 자살을 하려고 이리저리 장소를 찾아다녔다고 한다. 태종대에 올라가니 너무 높아서 무서워 자살 못하고, 해운대에 가니 사람들이 많아 못하고, 낙동강 강변에 약을 먹고 죽으려고 작정하고 있는데 멀리

어렴풋이 교회 종소리가 나더라는 것이다. 모든 걸 던져두고 그 교회로 무작정 들어가서는… 뭐 대충 이런 식이었다. 그런데 이 짧은 얘기 중에도 재기와 입담이 넘쳐나 학생들의 귀를 솔깃하게 했던 것이다. 이후 목사님을 만나 그 당시 얘기를 하면, 학생들에게 어떤 얘기를 할 것인가를 엄청 고민하고 또 고민했다는 것이다. 그야말로 즉석 이벤트가 아닌 준비된 실력에 학습 계획을 충분히 가지고 수업에 들어갔다는 것이다. 그뿐 아니라 학생들이 사용하는 은어, 속어 등도 연구해서 조금씩 사용함으로써 학생들과 가까워지도록 노력했고 학생들 개인의 이름과 성향 등도 관심 있게 스터디 한 후 수업에 임했다는 것이다.

이정삼 목사님이 엄청난 영적 파워와 화술을 구비하게 된 데는 그 당시 교무주임으로 계셨던 박대선 선생님(이후 브니엘고 교장)의 역할이 컸다는 사실을 뒤늦게 알게 되었다. 즉 박대선 선생님이 브니엘 개교 초기에 부임하셨지만 70년대 초 교사들의 미션교육을 위해 3~4년간 독서 스터디 그룹을 운영했고, 그 중 이 클럽에서 가장 적극적으로 활동하신 사람이 바로 이정삼 목사님이셨다는 것이다. 바로 이 '독서의 힘'이 위대한 교목의 탄생을 예고했던 것이다.

박대선 선생님과 나는 이후 동서지간이 되었다. 내가 그분의 막내 동서라 그런지 더욱 잘 보살펴주셨고 특히 독일문학을 하는 나를 늘 이쁘게 여기면서 많은 도움을 주시고자 하셨다.

선생께서 소천하시기 보름 전 분당에 입원하고 계실 때 병문안

간 적이 있다. 평소 인류학을 연구하시려는 뜻에 따라 신학, 사회학, 철학을 두루 섭렵하시고 독일어 등 외국어까지 독학으로 지식을 쌓으셨던 당신께서, 독문학을 전공하는 대학교수 막내 동서에게 마지막으로 전수하고픈 신학, 철학의 맥을 두 시간 가량 설파하셨다. 그렇게 길어질 줄 몰랐고, 더구나 병상에서 그런 병중 강의를 할 줄은 꿈에도 몰랐기에 녹음기를 준비 못한 게 너무나 후회가 된다. 선생께서 쓰신 수상록 『질피리의 노래』는 그동안 노력하며 사셨던 당신의 유품이 되어버렸던 것이다.

내 삶의 길은 고뇌의 가시밭길이지만 자유에의 길이요
내가 부를 노래는 님靈의 노래이기에
나는 내 질피리 불며 불며 내 인생의 가파른 고갯길을
오늘도 뚜벅뚜벅 걸어간다
서툴고 어설픈 질피리 여운을
바람 속에 날리면서…….

(박대선, 『질피리의 노래』 10~11쪽)

다양한 부르심

　당시 브니엘 와서 신앙을 접한 친구들의 얘기를 들어 보면 하나님은 참 다양하게 인간을 부르신다는 생각이 든다. 어부였던 베드로, 세리였던 마태 등 각각 다른 처지에 있는 사람들을 제자로 삼아 하늘나라 복음의 사역자로 택하신 것처럼, 내 친구들에 대한 하나님의 부르심도 다양했다.

　한 친구는 자기 담임선생이 얼마나 무서웠으면, 그 선생님이 일요일에 반 전체 학생을 학교로 불러내어 출석 부르고 줄 세워 교회로 데리고 가는 바람에 그 강압에 못 이겨 교회 출석하다 보니 신앙을 갖게 되었다. 또 한 친구는 원치 않는 학교에 들어와 학교 다니기가 싫어 학업을 게을리하다보니, 이러다가는 인생을 망치겠다 싶어, 어떻게 하면 학교에 긍정적인 생각을 가질 수 있을까 생각해보다가, 일단 신앙을 갖는 게 중요하다 싶어 교회에 출석하고 하나님을 만나게 되었다는 것이다.

이처럼 하나님의 콜링은 우리가 예상 못한 상황에서 이루어지는 것이다. 추첨으로 한 학교에 강제 배정 받았지만, 이것이 하나님의 인도하심이었다는 사실에 감사함이 넘친다. 한 미션 학교의 신앙교육과 건학 이념이, 또 한 교사의 헌신적인 선교 열정이, 또 훌륭하고 준비된 교목 선생님의 거침없는 사역이 어우러져 전대미문의 미션의 역사를 일구어 낸 것이다.

목사, 선교사, 장로, 안수 집사 등으로 각자 지교회에서나 사역 현장에서 하나님께 충성하고 있는 친구들의 신앙지조와 선교 열정을 보면서 나도 큰 힘을 얻는다. 그동안 신앙의 친구 열 명 정도가 일 년에 두세 번 모여 브니엘의 신앙을 확인해 오고 있다. 이제 브니엘의 젖을 떼고 우리가 젖을 주는 성인이 되어 각자의 처소에서 사역을 담당하고 있는 친구들이 있기에 브니엘의 정신은 더욱 빛을 발하고 있는 것 같다.

몇 년 전 설 연휴 때는 동기들 모임을 15기, 16기, 17기까지 좀 더 넓혀 주선해 보았다. 우리 14기가 대부분 이었지만, 후배들까지 25명 정도가 모여 서로의 신앙을 간증하고 사역의 소식을 들으며 서로의 남은 인생의 비전을 나누게 되는 놀라운 시간이었다. 지금까지 인도하셨던 하나님께서, 남은 우리의 삶도 온전히 받아 주시기를 원하는 귀한 자리였다.

사도 바울처럼 드라마틱하게 주님을 만나는 경우도 있지만, 나처럼 조용한 가운데서 주님을 만나는 사람이 있을 것이다. 생각지도 못한 방식으로 콜링하시는 주님께 찬양 드리며, 각자의 처소에서 다양한 저마다의 방식으로 주님을 섬길 수 있을 것이다.

주는 나의 목자 부족함 없네
푸른 풀밭에 날 누이시고
잔잔한 물로 날 인도하시며
내 영혼 소생시키시며
그 이름 위해 의의 길로
날 언제나 인도하시네…

(복음송, '주는 나의 목자')

미션 스쿨

대학원 석사과정 1학년 때 내가 소망하던 교사직에 1년 간 몸담을 수 있었다. 역사와 전통을 자랑하는 미션 학교인 서울 숭실고등학교에 근무할 수 있는 행운을 누렸던 것이다. 이곳에서 나는 미션 학교의 역할에 대해 다시 한 번 생각할 수 있었다. 이전에는 배우는 입장이었지만, 이제는 가르치는 자의 입장에서 미션 학교를 바라볼 수 있었던 것이다.

미션 학교의 생명은 어디에 있을까?

우선 교사, 교목, 학교 관리자들이 똘똘 뭉쳐 미션스쿨의 소명을 다하는 것이다. 관리자들은 설립자 혹은 재단의 뜻에 따라 미션 학교의 건학 이념을 표방하고, 이를 실천하기 위한 제도적 뒷받침을 한다. 학교 시설, 이를테면 기도실, 학교 교회 등을 구비할 뿐만 아니라, 교사 선발, 미션 교육의 방침 등 소프트웨어적인 면까지 면밀히 검토해야 한다.

그리고 교목은 신앙의 분위기를 어떻게 조성하는가에 결정적 역할을 한다. 보이지 않는 예수님 상像을 나타내 보여야하기 때문에, 모든 학생들이 그렇게 바라보고 기대하기 때문에 엄청난 부담을 가져야 한다. 교목은 교사들의 영적 성숙도 이끌어야 하고, 학생들에게 성경시간을 통해 그리스도의 살아계심과 구원자이심을 가르치고 믿게 해야 하기 때문에 그 책임은 이루 말할 수 없다.

내가 고등학교 다닐 때 중생회라는 집회가 있었다. 3~4일 되는 그 기간에는 모든 학업이 중단되고 오직 집회에 모든 게 집중된다. "Are you born again?"이라고 강당 무대 전면 커다랗게 쓰여진 표어 아래 전 학년이 집회에 참석했다. 많은 학생들이 예수 그리스도를 구주로 영접할 것을 결단하고, 그 중 선교사로 헌신하겠다는 결신자도 많이 나왔다.

미션 교육의 생명은 교사에게 있다. 그렇기 때문에 교사들 개개인이 얼마나 신앙적 열정이 있는가에 따라 신앙교육의 성패가 결정된다. 특히 담임은 자기 반 학생들에게 신앙을 가지게 하고 그들을 교회로 이끌 수 있는 가장 일선에 있는 첨병이다. 그렇기 때문에 교사들의 신앙 성숙도가 미션 교육의 생명이라 할 수 있을 것이다.

내가 너를 믿고 맡긴 사명, 너는 왜 잊어버렸나
나만 따르리라 하던 약속, 너는 왜 잊어버렸나
사랑받기 보다는 사랑하고, 위로 받기보다는 위로하고
십자가만 면류관만 바라보고

의의 길 간다더니
사랑하기 보다는 사랑받고,
위로받기 원하네.

(복음송, '내가 너를 믿고 맡긴 사명')

　내가 나온 학교는 교사 선발 시 아무리 일류 명문대를 나왔다 해도 가장 우선 보는 것이 그 사람의 신앙이었다. 그렇기 때문에 불신앙의 교사가 선발되어 학교로 진입하게 될 때부터가 미션 교육 균열의 시작이라고 보면 된다. 일선에서 학생들에게 관심을 보이고 학생들에게 예수를 전달하고자 노력하며, 학생들과 성경 공부도 하며 가난한 학생들에게 구제까지도 스스럼없이 하는 신실한 교사들을 보라. 이들이야 말로 미션 교육의 꽃이고 보배인 것이다.

　학교 관리자, 교목, 교사 등이 똘똘 뭉쳐 하나가 되어 신앙교육을 선명하게 이끌어 갈 때, 이름만 미션이 아니라 진정한 미션 교육을 이루어 낼 수 있는 것이다.

　교회 주일학교 교육도 마찬가지이다. 담당부서 부장과 교역자가 부서를 잘 이끌어 가고, 또 교사들과 하나 되어 학생들에게 양질의 신앙교육을 시키는 것이 가장 훌륭한 주일학교를 만드는 방법일 것이다.

　이를 위해선 우선, 주일 학교의 목표설정이 가장 중요하다. 주일학교 교육의 목표는 학생들에게 예수 그리스도가 주이심을 깨

닮게 하여, 어디를 가든지 주님의 자녀로서의 삶을 살아가게 하며 그리스도를 증거하는 참된 제자를 양성하는 것이다.

그렇기 때문에 1:1 양육이든 조별 양육, 혹은 제자 훈련이든지 양육 프로그램이 중요하다. 성경공부가 없이는 신앙의 영적 성장을 기대할 수 없다. 교회가 비전이 있는가 없는가에는 청년들에게 양육 프로그램을 시행하고 있는지 없는지가 중요한 관건이다.

양육 프로그램을 운영하기 위해서는 우선 양육자가 실력을 갖춘 준비된 자라야 한다. 요즘같이 어릴 때부터 정보에 능통하고 많은 지식을 구비한 청년들에게 섣불리 안일하게 이러한 프로그램을 운영한다면, 그것이야 말로 위험하기 그지없다.

그리고 어디를 가나 하나님 말씀을 묵상하게 만드는 게 중요하다는 것이다. 우리의 마음과 생각을 지키시는 하나님께 맡겨야 하는 것이다.

우리가 어딜 가든, 지구 끝까지 가든 우리의 생각이 중요하다. 지금 내가 무엇을 가졌는가가 중요한 게 아니고 내가 지금 무엇을 생각하고 계획하고 있는가가 인생의 성패를 가르는 것이다.

2부
바라봄

바라봄

이제는 말해야 한다. 누군가가 말하겠지 생각해서는 안 된다. 내가 나서야 한다. "주여, 내가 여기 있나이다. 이 말세지말에 나를 써 주옵소서."

글로도 말을 해야 한다. 비진리의 굴레를 떨쳐버리고, 복음의 순수함으로 노래해야 한다. 예레미야의 눈물, 이사야의 예지를 가지고 이 시대를 진단하며 아파해야 한다.

세류에 휩쓸려 가는 태풍이 아니라 이 쾌락의 조류에 당당히 맞서기 위해 이제 굳건히 서서 외쳐야 한다.

모세처럼 입술이 둔하다고 핑계해서는 안 된다. 기드온처럼 나약하다고 물러설 수도 없다.

주님 내가 여기 있사오니
나를 보내소서

나의 맘 나의 몸 주께 드리오니

주 받으옵소서

알렐루야 알렐루야

알렐루야 알렐루야

나를 받으옵소서

(복음송, '주님 내가 여기 있사오니')

답이 내려진 삶?

　대학 1학년 미학 개론 시간이었다. 과제 하나가 주어졌는데, 다름 아닌 20년 후의 자신의 삶을 기록하라는 것이었다. 솔직한 마음으로 나의 20년 후의 삶을 생각하고서는 기록하여 제출하였다.

　"아침 일찍 일어나 하나님 말씀을 읽고, 묵상하며 기도하고 하루를 시작한다. 아내가 차려주는 밥을 맛있게 먹고 학교로 출근하여 학급 조례를 시작으로 학교 업무에 충실히 임한다. 고민 상담 등, 내가 꿈꾸어왔던 교사의 역할을 성실하고도 충분히 감당하고는 집으로 퇴근하여 가족들과 행복한 시간을 보낸다."

　뭐 이런 식이었다. 그 이후 교수님께서 하시는 말씀은 이러했다. 크리스천의 삶은 답이 이미 내려져 있는 정해진 삶이라는 것이다. 그렇기 때문에 크리스천은 인간적으로 더 고민하지 않고 이미 답이 내려져있는 삶에 그냥 순응하며 살아간다는 것이다. 분명 그 교수님의 머릿속에는 크리스천의 삶 자체가 이미 인생의 답을 가지고 있어 더 이상 나은 삶에 대한 고민과 노력을 하지 않는다는 부정적인 견해가 깔려 있었다.

크리스천들은 인생을 고민하는 흔적은 없이 무기력하게 하나님에게 기대기만 한다고 생각했던 모양이다.

하기야, 요즘 한국 기독교의 가장 큰 문제로 꼽는 것이 믿는 사람들의 삶에 생명이 없다는 것이다. 다시 말해 박제된 신앙만을 가지고, 자신 혹은 가문의 신앙 경력, 교회의 전통만을 중시하는 자들이 있는가 하면, 교회에 다니고 하나님 믿는 것을 하나의 권력이나 입신의 수단으로 생각하는 사람이 있다는 것이다. 이것은 그동안 한국 교회가 강조해 온, 믿으면 만사가 OK이며 그 외에 더 강조될만한 것이 없다는 그릇된 교육관일지도 모른다. 하지만 믿는다고 만사가 다 OK는 아니다. 성화聖化의 단계가 얼마나 중요한지 모른다. 물론 이신칭의以信稱義로 우리가 구원을 얻지만, 많은 복음서에서 행함이 얼마나 강조되고 있는가? 믿으면 만사 OK라는 사고는 본회퍼 D. Bonhoeffer의 말대로 '값싼 믿음'인 것이다.

다시 말해 가르침은 많은데 성화에 대한 훈련이나 인격이 구비되지 못한 점이 문제이다. 지속성 duration이 부족한 것이다. 이는 예수를 믿으면 되지 뭐가 더 필요한가라는 얄팍하고 천박한 믿음 때문이다. 제자 훈련의 한계가 보이는 것도 이 때문일 것이다. 믿음이 물론 중요하지만 믿음 그 이후가 더욱 중요하다는 것을 간과해서는 안 될 것이다. "너희는 말씀을 행하는 자가 되라"(약1:22)가 너무나 절실한 때이다.

결국 교회에 대한 신뢰나, 크리스천을 평가하는 잣대는, 우리의 행동의 결과에 따른 것이다. 마태복음 5장 16절 말씀 – "이와 같이 너희 빛이 사람 앞에 비치게 하여 그들로 너희 착한 행실을 보고 하늘에 계신 너희 아버지께 영광을 돌리게 하라" – 처럼 우리의 착한 행실을 남에게 보이는 것이 중요한 것이 아니던가? 크리스천의 생활 속에서 선한 영향을 미치는 것이 얼마나 중요한지 모른다.

주의 말씀 듣고서 준행하는 자는
반석 위에 터 닦고 집을 지음 같아
비가 오며 물 나며 바람 부딪쳐도
반석 위에 세운 집 무너지지 않네
잘 짓고 잘 짓세 우리집 잘 짓세
만세 반석 위에다 우리집 잘 짓세
(찬송가 204장 '주의 말씀 듣고서')

루터가 종교개혁 한 지도 500년이 넘었다. 당시 루터는 믿음과는 전혀 다른 종교행위를 강조하는 로마 가톨릭에 대해, 믿음으로 구원을 얻는다고 로마서 말씀으로 강조한 바 있다. 이와 더불어 야고보서에서 중시하는, 행위에 대한 강조가 우리 크리스천에게는 양 날개, 두 축으로 구비되어야 할 것이다.

기독교에 대한
사회 인식 회복은 어떻게?

믿으면 만사형통이라는 사고는 편협하고 빈곤한 교양의식과 반_反지성주의를 가져왔다. 반지성주의는 어떠한 결과를 낳았는가?

교양은 생각하는 힘이다. 그리고 지성은 생각하는 힘의 축적이다. 생각이 모든 행동을 지배하게 된다. 그래서 성경에서도 "무릇 지킬만한 것보다 더욱 네 마음을 지키라. 생명의 근원이 이에서 남이니라."(잠 4:23)고 하지 않았던가? 아무런 생각 없이 살아간다는 것은 동물과 다를 바 없다. 우리의 삶은 지적 사유와 성찰이 반드시 뒷받침된 삶이라야 한다.

생각이 우리의 삶에 얼마나 큰 영향을 미치는지 생각해 보라! 우리 자신과 내 주변 사람들에게 영향을 미친다.(잠4:23) 그리고 전인적 형상화에 영향을 미친다. 생각_{지성}이 하나하나 쌓이게 되면 우리 지성의 전체 모습을 이룬다.(빌4:8) 혹은 맞추어질 퍼즐과 같은 모습을 띤다. 그래서 우리가 매일매일 무슨 일에 몰두하는가,

우리 속에 어떠한 상像들을 만들어 내는가가 중요하다.

우리는 크리스천 인격자가 되는 것이 얼마나 중요한지 모른다. 요즘 인격이 뒷받침되지 않는 교회 지도자 때문에 기독교가 사회로부터 얼마나 욕을 먹는가를 너무나 잘 알고 있지 않은가?

교양의 또 다른 목적은 다양한 사고를 할 수 있는 힘을 기르는 것이다. 우리는 흔히 여행이나 독서를 통해 간접 경험을 쌓고, 이 경험은 우리 인생의 훌륭한 자양분이 된다. 한쪽으로 경직되어 있는, 균형감을 잃어버린one-sided, eingebildet 획일화된 사고가 얼마나 위험한 것인가를 우리는 역사를 통해 알고 있다. 균형잡힌 mehrgebildet 인간, 즉 다양하고 유연한 사고를 할 줄 아는 인간으로 성숙되어야 한다.

"여행에서 당신은 세상을 본다. 하지만 독서를 통해 당신은 이 세상을 다른 눈으로 본다."(독일 열차 내에 붙어 있는 문구)

신앙도 마찬가지다. 우리 신교는 다양성을 표방한다. 여기서 다양성이란, 하나의 본체에서 파생되는 여러 가지 형식적 차이를 용인하는 것이다. 감리교, 성결교, 침례교, 장로교, 루터교 등 얼마나 많은 교파가 있는가? 그런데 자신의 교파만이 최고라고 생각하는 것이 얼마나 위험한 생각인지 모른다. 폭 넓은 사고, 다양한 것을 고려할 줄 아는 인간을 길러내는 것이 교양의 목표라 한다면, 기독교적 교양이란 다양한 신앙의 컬러를 인정한다는 것이다. 물론 교리가 전혀 다른 이단에 대한 평가의 잣대는 엄격해야 하겠지만, 우리와는 다른 컬러라고 해서 그들의 신앙을 업신여기거나 폄하해서는 안 된다. 다양한 컬러가 모여 하나로 조화를 이루는 것이 기독교의 아름다움이라 볼 수 있다. 자신의 종파에 대한 자부심은 물론 가질 수 있다. 하지만 배타적인 자세는 금물이다.

특히 어느 직장의 신우회나 연합회 모임 같은 데서는 더더욱 이러한 자세가 필요하다. 신앙의 가장 큰 적은 독선이라 볼 수 있다.

"너희 관용을 모든 사람에게 알게 하라 주께서 가까우시리라"(빌 4:5)는 바울 선생의 가르침은 종교적 관용과 겸양을 가리킨다. 지금 이 시대에 관용이 얼마나 요구되는지 모른다.

히틀러가 집권할 때의 정치 사회적 분위기가 그런 방향으로 갔긴 했다지만, 무엇보다 광기어린 히틀러의 사유형태에 얼마나 무서운 논리적 비약이 숨어있는지 모른다. "이제 유대의 지성은 끝나고, 독일의 위대한 아리안족의 지성이 이 '거룩한 피와 땅'의 가치를 일깨워줄 것이며, 결국 우리는 평화를 사랑하기 때문에 전쟁을 할 수밖에 없다"는 이 엄청난 논리적 비약이 20세기 최대의 비극을 낳게 한 것이다. 이는 마치 일본제국이 한반도를 계몽 발전시키기 위해 점령해서 도와줘야한다는 논리와 같다. 그런데도 그는 유대인이 예수를 처형했기 때문에 기독교 국가인 독일은 유대인들을 척결하고 몰살해야 한다는 얼토당토 않는 논리를 내세워 400만이나 되는 유대인들을 아우슈비츠 수용소로 몰아넣어 처형하지 않았던가.

이처럼 사고의 비약, 독선적 사유형태, 치우친 논리 주장은 더 나아가 여기에 폭력성까지 더해질 때 엄청난 비극을 가져온다는 것을 우리는 역사를 통해 배울 수 있었다. 리더일수록 사고의 유연성과 폭넓은 사유의 토대를 갖추어야 한다. 교회도 마찬가지다. 폭넓은 사고와 유연한 처신이 바로 교양 교육에서 출발한다고 볼 수 있다.

학문의 세계에서도 마찬가지다. 흔히 현대의 학문적 풍토를, 지나친 전문화, 세분화 때문에 '학문의 야만화'라고 말한다. 원래 박사라 함은 '넓을 박 博'을 써서 많은 학문분야는 물론이고 전인적 요체를 어느 정도 갖추고 닦은 자를 지칭한다. 지금은 이 용어가 어느 한 분야에 전문적 지식을 가진 자를 가리키면서, 자기 전공한 분야에 탁월한 결과를 내는 것을 기대하게 한다. 이렇게 자기 전문적 지식만으로 박사학위를 받고 교단에 선다거나, 인근 학문은 물론이고 전인적인 것을 요구하는 교육현장에서 교육자의 인격자체에 결함이 많아지다 보니 '전문 지식만 갖춘 바보 Fachidiot'라는 말을 듣기도 하는 것이다.

예수님 날 위해 죽으셨네
왜 날 사랑하나
왜 날 사랑하나
겸손히 십자가 지시었네
왜 날 사랑하나
왜 날 사랑하나
왜 주님 갈보리 가야했나
왜 날 사랑하나
(복음송, '예수님 날 위해')

못해서가 아니라

예수님은 하나님 아들로서, 이 세상을 다스리고 주관하시며, 모든 것을 통치하는 위대한 분이시다. 그런데도 주님은 우리를 위해서 한 없이 낮아지신 것이다.

이전 믿음의 선조들이나, 또 최근까지 선교사들의 훌륭한 업적을 보라. 이들의 능력은 자신들의 노력에 의해 갖추어지는 것이 아니라, 오직 그 분의 능력주심에 의해 발휘된다.

그런데 그들은 다른 데 능력이 없어 이 길을 택하는 것이 아니다. 예수님께서 십자가에 달리실 때 사람들이 하나님께 도움을 요청해보라고 비아냥거리지 않았던가?

할 수 없어서, 하지 못해서 하는 것이 아니다. 능력이 있어도 안 하는 것이 기독교 정신이다. 사도 바울을 보라. 얼마나 학식 있고 유능한 사람이었던가? 그러나 바울은 그리스도를 위해 모든 것을 내려놓는 겸손함을 우리에게 모범으로 보이셨다. 내가 가진 조그마한 지식, 내가 아는 알파벳 하나라도 주님을 위해 사용될 때 향기로운 주님의 자녀가 될 수 있는 것이다.

물론 사업에 실패하고 건강을 다 잃고 마지막 미로에 갇혔을 때 우리 인간은 하나님께 백기를 들고, 주님 앞에 나아올 때가 있다. 밖의 세상에 대한 동경, 죄를 짓고 싶은 인간의 원초적 본능, 일탈하고픈 마음, 하나님을 떠나 세상 가운데 마음껏 즐기고 싶은 욕망, 이런 것 때문에 우리는 주님과 멀어지는 경우가 많다. 결과는 두 가지다. 하나는 냉담한 지경에 실컷 하나님께 두들겨 맞고 천부여 의지 없어서 주 앞에 나아가는 것이고, 또 하나는 하나님을 멀리 떠나 도저히 회복할 수 없는 단계를 넘어 그리스도를 부인하는 단계에까지 나아가는 경우이다.

전자의 경우 은혜가 더욱 넘칠 수도 있다. 하지만 엉뚱한 길로 접어들었다가 귀중한 세월 다 잃고 주님께 돌아오는 것보다는, 짧은 인생 하나님 뜻에 순복하여 우리의 젊음, 우리의 열정을 아낌없이 드리는 것이 얼마나 영광스럽고 소중한 것인지 모른다.

독일 프랑크푸르트 학파 중 허버트 마르쿠제는 인간의 이성이 도구화된 후기 자본주의 세계를 겨냥하여 '위대한 거부 große Verweigerung'를 주창한다. 산업화 시대에 접어들면서 인간의 노동과 삶의 의미가 분리되기 시작하여, 인간이 만들어 내는 업적 자체가 즐거움과 행복을 주지 못한다는 데서 출발한다. 즉 쾌락원칙 Lustprinzip과 업적원칙 Leistungsprinzip의 괴리가 현대 분업 사회에서는 심각하다는 것이고 일은 인간으로 하여금 일에 대한 소외를 느끼게 하기 때문에, 이를 과감히 거부할 필요가 있다는 것이다. 물론 이것은 막스 이론과 무관하지는 않지만, 지금 자본화된 사회에서 귀담아 참고 할 수 있는 내용이다. 이들에 의하면 인간이 에덴동산에서 쫓겨 나기 전에는 쾌락원칙과 업적원칙의 분리가 없었으나, 죄를 지어 추방당하면서, 이 실낙원에 대한 인류의 동경은 계속 있어왔고, 문명화 되면서 이 둘의 분화는 계속 이루어지다가 19세기 말에 이르면 가속화되고, 그들이 학파를 이루었던 1960년대 후기 자본주의시대에 와서는 이러한 분열이 최고점에 다 달았다는 것이다.

우리가 직장의 일을 할 때 일에 대한 아무런 관심과 의미가 주어지지 않는다면 이는 기계와 다를 바 없다. 무슨 일을 하든 그 일에 대한 의미를 찾으려면, 우선 자기 적성에 맞는 직업을 택하는 것이 가장 좋다. 하지만 어디 세상에 내 마음에 드는 직장만이 있는가? 소위 3D 직장을 우리 젊은 청년들이 다 회피하고 있고, 기피하기 때문에 외국노동자들이나 하는 일로 생각하지는 않는지. 이공계의 우수 인력은 의대로, 인문계는 법대로 진학하는 경향이 지금도 이어진다. 물론 직업선택의 자유가 있지만, 우수한 인력들을 기초학문이나 첨단학문에 이르기까지의 인문, 자연, 공과, 예술 등으로 자유롭게 진학하게 하는, 국가 미래를 위한 구조적 정책이 서 있어야 할 것이다.

인간은 태어날 때부터 누구와의 관계 속에서 살아가게 된다. 부모가 결정될 것이고, 자기가 속한 국가나 인종이 결정된다. 또 이러한 결정 속에 한 개인은 이들의 영향을 받으며 성장하게 된다.

19세기 말 인간의 이러한 환경 Milieu의 영향이 가장 많이 부각된 시기이라 할 수 있다. 알려진대로 이 당시 영국의 다윈이 『종의 기원』을 발표하면서 스펜스에 이르기까지, 인간의 생물학적, 유전학적 대세가 이어졌으며, 인간이 신의 형상으로 창조된 특별한 종이 아니라, 동물처럼 해부될 수 있고 분석될 수 있는 존재로 보는 시각이 만연하게 되었다.

그래서 독일의 문예학자 쉐러 Scherer 는 인간이 영향받는 3가지 것을 3E로 표하였다. 즉 Ererbtes(유전받은 것), Erlerntes(학습된 것), Erlebtes(경험한 것). 이것이 인간의 삶에 절대적 영향을 입힌다는 것이다. 그래서 문학에서는 이러한 것을 바탕으로 연구하는 방법론을 실증주의 Positivismus 라고 한다. 다시 말해 한 작가의 작품을 연구할 때, 그 작가의 실제 성장 환경, 주변 영향 등을 염두에 둔다는 것이다.

이처럼 우리는 살면서 누구를 만나는가에 따라 삶의 폭이 결정된다.

루터가 멜란히톤을 만나는 바람에 그의 신학적 대미를 장식할 수 있었다. 다시 말해 멜란히톤이라는 대학자의 뒷받침이 없었다면 루터의 종교개혁이 신학적으로 확립될 수 없었을 것이다.

험한 세상 나그네 길
나의 맘이 곤할 때
사랑스런 주의 손길

내 맘을 항상 두드리네
오 주님 나의 주님
내 맘에 기쁨 넘치네
나의 기쁨 나의 생명
주 손길 날 구원했네

주 예수를 내가 안 후
나의 죄 짐 벗었네
영원토록 감사하며
늘 주께 찬송 돌리리라
오 주님 나의 주님
내 맘에 기쁨 넘치네
나의 기쁨 나의 생명
주 손길 날 구원했네
(복음송, '험한 세상 나그네 길')

이 시대를 견디는 힘

이 시대를 무엇에 비유할 수 있을까?

이 시대를 흔히 패역의 시대, 예측 불가능한 시대, 고민이 사라진 시대라고 말하기도 한다.

우리는 이 시대를 바라보아야 한다. 이 시대를 견뎌내어야만 한다. 또 이 시대를 본받지 말아야 한다. 그리고 이 시대를 변화시켜야 한다.

2,30년 전부터 "사탄은 문화를 선택했다"는 말이 유행할 만큼, 포스트모더니즘 일환이었던 다원주의의 폐해를 기독교계는 우려하고 있었다. 다원주의 시대에 살아가는 오늘날 하나님 말씀을 선명하게 제시하고, 또 그것을 따르게 하는 파워가 상실되었다고 말할 수 있다.

다원주의에 가장 큰 영향을 미쳤다고 볼 수 있는 철학자는 프리드리히 니체F. Nietzsche이다. "신은 죽었다"의 명제로 우리에게 잘 알려진 그는 20세기에 가장 영향력을 행사한 철학자 중 한 명으로, 가치전도Umwertung가 그의 철학의 핵심이다. 즉 절대선과 악은 존재하지 않는다고 하며 모든 것을 상대화시켜 버린다. 그래서 "신은 죽었다"에서 신이란 기독교 신을 포함한 모든 형이상학적 절대가치를 말한다.

그러다 보니 인생의 목표Ziel도 하나가 아니라 여러 개 목표들 Ziele이 된다. 절대가치가 아니라 이제는 모든 것이 상대화된다. 이것이 다원주의의 핵심이다.

이 시대에는 기독교 진리도 선명하고 명확하게 제시되지 못한다. 이상한 이론, 잡다한 자기 생각과 철학이 덧붙여져 복음의 핵심을 흐리게 하고 있다. 자기 생각과 가치관에 하나님 말씀을 맞추는 격이다.

그래서 "너희는 이 세대를 본받지 말고 오직 마음을 새롭게함으로 변화를 받아 하나님의 선하시고 기뻐하시고 온전하신 뜻이 무엇인지 분별하도록 하라"(롬12:2)라고 바울 선생은 말씀하신다. 여기서 '이 세대'란 영어나 독일어 성경에는 '이 세상'world.Welt으로 번역 되어 있다.

잊으라시네, 잊으라시네
세상의 향락
잊으라시네, 예수 믿고서
구원 얻으면
하늘나라의 자녀되겠네

우리 주님 날 위하여
십자가에 달리셨네
그의 피로 죄 씻었네
구원됐네
(복음송, '잊으라시네')

디모데 후서에도 "너희는 알라 말세에 고통하는 때가 이르러 사람들이 자기를 사랑하며 돈을 사랑하며 자랑하며 교만하며 비방하며 부모를 거역하며 감사하지 아니하며 거룩하지 아니하며 무정하며 원통함을 풀지 아니하며 모함하며 절제하지 못하며 사나우며 선한 것을 좋아하지 아니하며 배신하며 조급하며 자만하며 쾌락 사랑하기를 하나님 사랑하는 것보다 더하며 경건의 모양은 있으나 경건의 능력을 부인하니 이 같은 자들에게서 네가 돌아서라."(딤후3:1-5)라고 말씀하신다.

이러한 시대를 살아가야 하고 살아남아야 하는 우리는 성령님의 능력만을 의지할 수밖에 없다.

대학생을 면담하다 보면 10명 중 크리스천은 한 두 명 정도도 안 된다. 더욱이 이들은 위축되어 자신들의 신분을 나타내기를 꺼린다. 기독교에 대한 부정적 인식이 그들의 신앙을 더욱 소극적으로 만드는 것 같다.

안티 세력은 '개독교'와 같은 신조어를 만들어 내었다. 하나님의 거룩한 이름이 그들 손에 훼손됨을 넘어 완전 훼파되는 순간이다. 이러한 풍조를 그냥 보아 넘긴다는 것은 우리의 신앙행위의 근간에서 볼 때 허용될 수 없는 문제이다.

주기도문에 하나님의 이름이 거룩하여짐을 바라고 있지 않은가? 우리 인생의 제 1 목표가 하나님의 이름을 높여드리는 일이라고 한다면, 정말 하나님을 훼파하는 행위는 어떻게 받아들여야 할까? 자신의 이름만 더럽히면 되지, 왜 하나님을 욕 먹이냐는 것이다. 거룩한 하나님의 이름이 이대로 땅에 떨어져도 좋은가? 무슨 권리로 당신이 하나님의 이름을 욕되게 하는가? 하나님 이름으로 자신의 이득을 챙기고, 권력을 행세하는 자들은 정말 두려운 마음을 가져야 한다. 이제 거룩한 주님의 이름을 높여드리는 노력을 각자가 해야 할 것이다.

하나님과의 소통 – 큐티

하나님과의 커뮤니케이션은 신앙생활의 핵심이다. 이 소통을 어떻게 이루어나가야 하는가?

우선 예배가 있다.

그 다음은 말씀을 통한 소통, 큐티이다.

그리고 우리가 잘 알고 있는 바와 같이 기도가 있다.

큐티는 내 생각에 하나님 뜻을 맞춰나가는 것이 아니라 하나님 뜻에 내 생각을 맞추어나가는 것이다. 그렇기 때문에 빈 마음과 열린 사고가 중요하다. 하나님 말씀을 잘 담아내기 위해 내 머릿속과 마음을 미리 청소하는 것이다.

쉐러 K. Scherer 는 "매일매일 내가 무엇에 집중하는가, 그것이 나를 지배할 것이다."라고 말하고 있다.

하나님 말씀 묵상이 내 삶에서 더 큰 공간을 만들어내야 할 것이다. 아브라함은 불가능을 믿음으로 극복한 믿음의 아버지다.

그렇다면 큐티는 어떻게 해야할까?

우선 해당 큐티 교재와 성경 본문을 매일 꾸준히 읽는다.

큐티 책 단락을 읽으면서 "하나님, 오늘은 나에게 무슨 말씀을 주실 겁니까"라는 기대감을 갖고 읽어야 한다. 기도하면서 묵상하면서 읽어야 한다. 올바로 들을 수 있는 자세가 되어야 한다.

그리고 조용하고 편안한 가운데 하나님이 우리에게 하시는 말씀을 놓치지 말아야 한다. 하나님을 향해 우리 마음을 열고 그 말씀이 우리를 지배하도록 해야 한다. 하나님 말씀의 능력이 천국의 비밀을 알게 해 줄 것이다.

중간에 삽입된 성경 말씀을 다 읽을 수는 없지만 가능하면 찾아 읽는 것이 좋고, 가장 앞에 있는 주 성경 본문은 깊이 읽되 부담없이 읽는 것이 좋다.

나에게 주어지는 말씀을 조용히 메모해 보는 것이 좋다. 어떤 말씀이 중요한지, 어떤 질문을 가지고 있으며 어떤 인식으로 움직이는지 등, 말씀에서 받은 은혜를 이후에도 늘 상고할 수 있도록 메모하는 습관을 기르는 것이 좋다. 중심 문장, 기도할 내용, 의문, 대답 등…. 그렇게 함으로 하나님과 개인적으로(인격적으로) 소통할 수가 있다.

그런데 우리가 낙심할 때, 바쁠 때, 힘을 잃고 있을 때는 하나님의 말씀을 가까이 할 마음이 사라져버릴 때가 있다. 비록 그런 때라도 큐티는 해야 한다. 그리할 때 성령의 강력한 힘이 당신을 일으켜 세울 것이다. 그리고 우리는 하나님을 위해 사용하는 시간을 '시간 낭비' 혹은 '시간을 빼앗긴다'고 생각할 때가 있다. 그러면 '그럼에도 불구한' 힘이 당신의 신앙을 강하게 할 것이다. 그렇기 때문에 가능한 한 규칙적으로 정해진 시간에 큐티를 하는 게 좋다.

마지막으로, 성경 본문이나 큐티에 언급된 말들이 낯설거나 이해되지 않고 맘에 들지 않더라도 낙심하면 안 된다. 이것도 위와 마찬가지 이유에서이다. 중요한 것은 우리에게 확실하게 된 하나님의 뜻은 무엇인가 하는 것이다. 우리 삶 속에 그것이 들어오게 해야 하고, 하나님이 성경 말씀을 우리가 행하도록 도와주시기를 구해야 한다.

죄의식을 가지거나 실망할 일이 생겨날 경우에도 마음에 다음의 구절을 새겨 넣어보자. "하나님은 나를 늘 환영하고 계신다."

하나님이 말씀하시도록 기다릴 줄 알아야 한다.

주님의 뜻을 이루소서
고요한 중에 기다리니
진흙과 같은 날 빚으사
주님의 형상 만드소서

(찬송가 425장 '주님의 뜻을 이루소서')

또한 가장 중요한 것은 깨달은 것을 실천할 줄 아는 지혜이다. 그런데 '생활적용란'의 기록을 너무 부담스러워 해서는 안 된다.

억지로 적용할 것을 강요받아 찾아내는 것보다 말씀을 은혜롭게 받아들이기만 할 때도 있는 것이다.

큐티를 통해 하나님 말씀의 권능으로 우리 생각과 행동이 변화되며 각인되며 형성된다.

"주 예수여, 내가 받아들일 준비가 되게 하소서! 그리고 말씀 하시옵소서!"

'불완전한 교회'

　신교의 특징이 자유liberty라면 구교는 통일union이라 할 수 있다. 중앙 집중식의 가톨릭은 모든 체제가 교황청의 지시에 따르고 통일되지만, 신교는 개교회주의, 개교단주의로 운영된다. 그러다 보니 각자의 교회는 자급자족해야 하고 모든 운영의 책임을 스스로 져야 한다. 물론 노회 및 총회 등의 교단의 지시에 따라야 하지만, 근본적인 대책은 스스로 세워나가야 한다.

　구성인들이 스스로를 행복한 성도라고 느낄 수 있는 공동체를 만들기 위해서는 어떻게 해야 할까?

　첫째, 향후 교회 공동체의 가장 시급한 문제는 경제적 자립이다. 교회 구성원이 고령화되어 가다보니 경제력이 약해진 상태에서 교회 운영이 열악해지는 것이다. 십일조나 감사 헌금 등으로 교회 재정이 운영된다면, 헌금 자체가 줄어드는 상황에서 교회 전체 재정 상태는 약화될 수밖에 없다. 신축, 증축 등 대형 프로젝트는 물론 재정적 다이어트도 한계에 봉착할지 모른다. 이런 경우 가장 먼저 긴축하게 되는 것이 선교나 전도, 즉 당장 줄여도 교회 운영에 직접적 영향은 미치지 않는 사업일 텐데, 이 또한 장기적으로 볼 때, 또 하나님의 거룩한 사역적 측면에서 볼 때 문제가 되지 않을 수 없다.

둘째, 고령화의 추세와 더불어 차세대 아동 인구의 감소는 미래 교회 운영의 비전을 더욱 어둡게 하고 있다. 지금 한국의 저출산률은 세계 순위권에 자리 잡고 있다. 이러한 급격한 인구 감소는 타민족 유입에 따른 타종교화(특히 이슬람화)를 가속시키며, 결혼, 가족 등에도 많은 변화를 예고하고 있다. 이를테면 저출산을 해소하기 위해 동거 문화를 지나치게 억제하면 안 된다는 의견도 있고, 일부다처, 혹은 일처다부의 결혼 형태도 허용해야 한다는 등의 주장까지 제기되는 오늘의 현실이 되어 버렸다. 이러한 저출산으로 인해 지支 교회 주일학교는 초토화되다시피 한다. 아예 주일학교를 없앤 교회도 얼마나 많이 속출하고 있는가? 안타까운 현실이다.

셋째, 교회에 중년층이 사라진다는 것이다. 교회 봉사의 중추적인 사역을 감당해야하는 중년층이 교회의 희망이자 국가의 힘인데, 이들의 숫자가 줄어들 뿐 아니라, 이들의 사회 자체가 기존 세대가 지녔던 보수적 신앙과는 거리가 있을 수도 있기 때문에 양자 간의 갭이 점점 커져간다는 것이다. 그러다 보니 교회의 직분도 심각한 불균형을 이룰 때가 있다. 즉 장로, 안수 집사, 권사의 수가 서리집사 및 평신도에 비해 상대적으로 많다는 것이다. 이렇게 되다 보니 직분의 역할이나 사역에 혼선이 있을 수도 있다.

세대에 관계없이 세계관이 하나가 될 수 있는 방법은 성경으로 돌아가는 것이 유일한 길이다. 우리를 신앙 안에서 하나 되게 하는 것, 그것은 하나님 말씀으로 돌아가는 방법밖에 없다.

넷째, 신학교가 난립하고 목회자 수급 정책이 심각한 불균형을 이루고 있다는 것이다. 담임목사 청빙 공고에 중소교회만 해도 몇 십 명, 몇 백 명의 지원자가 몰려 치열한 경쟁이 이루어지는 것을 우리는 이미 알고 있다. 그리고 잡job을 갖지 못한 많은 신학교 졸업생들 중 서울에만도 몇 천 명이 다른 직업을 가지고 활동하고 있다는 것은 공공연한 사실이다. 신학을 공부한다는 것과 목회를 한다는 것은 다르다. 하지만 신학 공부는 대부분 목회를 전제로 하고 있기 때문에 이러한 불균형은 해소되어야 할 것이며, 마지막 때 쓰임 받는 신실한 사명자들을 확실하게 길러내는 역할을 신학교가 담당해야 할 것이다.

다섯째, 과거의 화려했던 교회 역사에 심취해서는 안 되고 미래에 대한 예측을 보다 객관적이고 냉정하게 해야 할 필요가 있다. 미래 학자들은 인간이 로봇을 사랑하고, 가정도 결혼이라는 틀을 깨고 자유로운 사랑 감정을 가진 사람끼리 동거를 하는 시대가 올 거라고 예견한다. 아니, 서양의 경우를 보면 고등학교 졸업 후 동거에 들어가는 경우가 다반사이다. 결혼하기 전 미리 함께 살아보는 것이 오히려 미래 결혼 생활에 도움이 된다는 것이다.

몇 년 전 독일의 잡지 〈슈피겔〉에서도 인간의 사랑의 대상이 변해간다는 주제가 다루어진 적이 있다. 애완용으로 키우던 개犬나고양이가 이제는 반려자가 되고, 옆의 사람이 죽어도 별 감정 없던 사람이 자신이 키우던 반려 동물이 죽으면 눈물을 뚝뚝 흘리며 슬퍼하는 장면을 엿볼 수 있다. 몇 달 전 독일 방송에서 반려 동물 개(犬)의 장례 장면을 특집으로 보도한 것을 보았다. 사람과 꼭 같이 화려한 꽃으로 장식한 관에 개(犬)의 주검이 놓여있고 개 주인이 다가가 마지막 작별인사를 하는데, 사람이 죽었을 때보다 더 장엄한 광경을 자아낸다. 인간의 사랑 대상은 얼마든지 바뀔 수 있다는 것이다. 이제 동성을 떠나 반려 동물, 심지어 인간이 만든 로봇까지도 인간보다 더 사랑하는 단계가 온다는 것을 말하고 있다.

인간의 사랑의 대상이 우리의 감정과 욕구가 허용하는 한계까지 끊임없이 나아가다 보면, 결혼을 통해 이루어지는 전통적인 가정의 개념까지 수정될 수밖에 없는 상황에 이를 것이다. 아담과 하와의 타락 이후 인류가 겪어왔던 하나님과의 분리 과정이 어디까지 지속될 것인지 예측할 수 없다.

불완전한 교인이 승화되어야하는 것처럼, 교회도 끊임없는 변화를 요구받는다. 역사적으로 볼 때 복음의 핵심을 향해 끊임없이 교회의 형태는 바뀌고 있다. 복음주의 교회도 복음의 핵심적 가치와 교리는 변할 수 없지만, 이것을 실천하는 교회의 형태는 시대에 따라 다양하게 개혁되어 왔다.

2017년에 종교개혁 500주년을 맞았다. 개혁주의는 현존하는 형태에 머물지 않고 끊임없이 변화될 것을 요구한다. 이 지상의 교회가 '불완전한 교회imperfect church'상이라는 것을 고린도서가 보여주고 있다. 온갖 종류의 사람이 모이는 교회는 항상 문제

가 있을 수밖에 없다. 그래서 사도 바울은 교회의 존재 의미와 교
회 공동체 생활에 대해 많은 점을 강조하고 있는 것이다.

시온성과 같은 교회

그의 영광 한없다

허락하신 말씀대로

주가 친히 세웠다

반석 위에 세운 교회

흔들 자가 누구랴

모든 원수 에워싸도 아무 근심 없도다

(찬송가 210장 '시온성과 같은 교회')

예수님의 전도 방법

"사마리아 여자 한 사람이 물을 길으러 왔으매 예수께서 물을 좀
달라 하니"(요 4:7)

교회에 주일학교와 청년회, 장년회가 따로 있는 이유가 무엇인
가?

이것은 연령에 맞는 각각 고유한 피교육 대상에 따라 그 대상에
맞는 양육을 해야 하기 때문이다. 예를 들어 주일학교 아이들한테
대학생이나 알아들을 듯한 내용의 말로 전한다면 이해할 수 있겠
는가?

예수님도 사람에 따라 전도의 방법을 달리했다. 그렇다고 사람
을 차별한 건 아니다. 다만 사람에 따라 상황에 따라 가장 효과적
으로 말씀을 전하셨던 것을 알 수 있다.

요한복음 3장에 보면 니고데모에게 전도하시는 주님의 모습이

나온다. 이스라엘의 선지자 니고데모는 유대인의 지도자(3:1)이고 이스라엘의 선생(3:10)이었기 때문에 주님은 그의 식견에 따라 철학적, 신학적 모티브로 접근하셨다. 사람이 중생해야 구원을 얻을 수 있다는 묵직한 주제로 그에게 다가갔던 것이다. 우리가 본문에서 보는 사라미아 여인에게 '물을 달라' 하며 일상적으로 접근하시는 방법과는 달랐다.

니고데모가 어두운 밤에 주님을 찾아왔고(은밀함 속에) 주님을 만난 후 말없이 떠나 학자처럼 고민을 안고 사유하는 모습을 보였다면(결국 주님의 도를 받아들였다.), 본문에 나오는 수가성 여인은 낮에 주님을 만났으며 즉석에서 대화를 통해 반응했고 주님과 만난 이후에 이 여인의 삶이 어떻게 바뀌었는가를 알 수 있다.

사마리아 땅은 우리가 알다시피, 역사적으로 혼혈인들이 사는 곳이라 하여 유대인들에게 차별 당했다. 그래서 유대인들은 보통 여행을 떠날 때 3일 정도 더 걸리는 요단 동편으로 돌아서 갈릴리로 갔다. 수가성 여인은 당시 가장 비참한 하층민이었고, 게다가 그녀는 남편 5명을 둔 이력으로 보아 사마리아인 중에서도 더 업신여김 당할 처지에 있었다. 그래서 그녀는 아무도 다니지 않는 정오에 물 길으러 나왔던 것이다.

예수님은 일단 전도하실 때 상대방에게 접근할 때 매우 겸손하고 공손했음을 알 수 있다. 아무리 좋은 말로 전도하더라도 일단 목이 굳은 자세로 전도하면 아무런 효과가 없음은 상식이다. 그리고 일방적 강요가 아니라 서로 간의 대화로 이끌어야 한다. 낮은 곳으로 내려오시는 주님은 사마리아인이라서 자격지심에 빠져 있는 그 여인에게 다가갔던 것이다.

이제 사마리아 여인에게 어떻게 전도하셨는지 살펴보자. 수가성 여인에게 건네는 예수님의 말씀 중에는 믿음에 이르는 7단계가 들어가 있는 것을 알 수 있다. 7(천지창조, 촛대, 주기도문, 가상7언, 계시록 7교회(촛대, 별))은 완전수 이다. 여기에도 7번의 주님 말씀이 있다.

1) 7절: "물을 좀 달라" (우선 접점 만듦)
2) 10절: 하나님의 특별한 선물 생수 (the gift of God, living water)
3) 14절: 영생수 (영원이 솟아나는, 영원에 이르게 하는)
4) 16절: 남편을 불러 오라
5) 17절~18절: 네 말이 옳다
6) 23절, 24절: 영과 진리의 예배
7) 26절: 내가 그(메시아)이다. –에고 에이미(ἐγώ εἰμι, 나는 ⋯⋯다)

사람들을 피해 다녔던 수가성 여인은 주님을 만난 후로는 동네를 다니며 복음을 전하는 적극성을 보인다.(28~29) 새 생명을 간직한 삶의 모습이다.

주님의 나라를 전하려면 믿지 않는 사람들과 토론을 피할 수가 없다. 이것을 신학에서는 변증이라 한다. 우리는 상황에 따라 지혜롭게, 상황에 맞게 상대방의 심리를 잘 연구하고 복음을 전해야 한다. 그리고 예수님처럼 순수하고 겸손한 마음으로 증거해야 한다.

> 우물가의 여인처럼
> 난 구했네
> 헛되고 헛된 것들을
> 그때 주님 하신 말씀
> 이 샘에 와 생명수 마셔라
> 오오 주님, 채우소서
> 나의 잔을 높이 듭니다
> 하는 양식 내게 채워주소서
> 넘치도록 채워 주소서
> **(복음송, '우물가의 여인처럼')**

일어나 네 자리를 들고

"예수께서 이르시되 일어나 네 자리를 들고 걸어가라 하시니 그 사람이 곧 나아서 자리를 들고 걸어가니라 이 날은 안식일이 니…"(요 5:8-9)

이 본문은 베데스다(히, 베드자다) 못가에서 38년간 병자로 머물다 예수님에 의해 나음을 입는다는 우리에게 잘 알려진 내용이다. 베데스다 못은 양￥의 문 옆에 있는 것으로, 굉장히 넓으며 당시 시 장벽 밖에 있었다. 최근의 발굴에 따르면 거기에 두 개의 못과, 8m 50cm 높이의 주랑이 4개나 있었고, 그 전체 지역은 500평방 미터나 된다고 한다. 이 건축의 화려함은 그곳에 모인 수많은 병자들과 대조를 이룬다. 거기에 소경, 절름발이, 중풍병자 등은 오직 병 나을 목적으로 그곳에 있었다.

베데스다는 '자비의 집'이라는 뜻이다. 특히 여기서는 온유하신 주님의 모습을 알 수 있다. 거기서 '온유하고 은혜로우신 주님, 노하기를 더디하시고 사랑이 그지없으신 주님'(시 103:8)을 만나게 된다.

5장 전체의 내용은 세 부분으로 나눌 수 있다.
- 예수님은 하나님 아들로서, 자비의 주님으로 행동하심(1-13)
- 예수님은 그가 지금하고 있는 일로써 자신이 하나님의 아들이심을 증거하심(14-29)
- 예수님은 자신이 하나님의 아들이시다는 것을 위하여 네 개의 증언(세례 요한, 자신의 행동, 아버지의 증언, 성서의 증언)을 하심(30-47)

많은 병자들 가운데서도 하나님은 38년간 병을 앓고 있는 중풍 병자에게 시선을 향하고 있다. 많은 사람이 있다고 하지만 주님은 한 사람 한 사람 개개인에 관심을 두시고 계신다. 뭐, 별 볼이 없는 나같은 존재에 관심을 두겠나가 아니다. 자비로운 주님이 다가오셔서 그 병자에게 하신 말처럼 "낫고 싶느냐?"라고 묻고 계신다. 이 질문은 상대방에 대한 품위를 지켜주는 질문이다. 병자에게 자신의 의지를 물어보는 거다. 인간적인 yes 없이는 주님을 받아들이지 못한다.

38년이란 세월은 엄청난 세월이라 할 수 있다. 이 기간 동안 정말 물이 동할 때 먼저 내려가 물에 몸을 담금으로써 낫고 싶었지만, 다른 사람이 먼저 내려가는 바람에 내려갈 엄두를 못낸다. 아무런 소망도 위로도 찾아볼 수 없는 zero 시점이다. 그 때 주님은 찾아오셨던 것이다. "주님, 나를 돌보아 주시고, 나에게 은혜를 베풀어 주십시오. 나는 외롭고 괴롭습니다."(시25:16)

zero 시점에서 병자는 100%의 삶을 갖게 된 것이다. 그리스도를 만난다는 것 자체가 100%의 복된 삶을 영위할 수 있다. 대박 난 인생인 것이다.

이 짧은 순간에 그의 삶은 최하점에서 최고점으로 철저하게 바뀐다. 예수님과 그의 말씀에 순종하는 사람은 주님의 인자하심과 그 영광을 상상할 수 없는 방법으로 체험하게 된다. 주님은 자기 약속의 성취를 믿음의 순종과 결부시킨다.

근육이 이완된 그가 일어나 자리를 들고 걸을 수 있는가? 그게 가능한가? 그런데 주님에게는 가능하다. 사도행전 3장 6절 미문 앞 앉은뱅이 걸인에게 베드로의 명령처럼, "은과 금은 내게 없거니와 내게 있는 이것을 네게 주노니 나사렛 예수 그리스도의 이름으로 일어나 걸으라"고 했을 때, 발과 발목에 힘을 얻어 뛰기까지 하지 않았는가? 그렇다. 주님의 능력에는 한계가 없다.

정말 주님 능력 안에서는 불가능한 일들이 가능하게 된다. 우리가 그것을 믿느냐 그렇지 않느냐가 문제이다.

이 사건은 유대인 지도자들과의 분쟁을 야기한다. 자비의 손길로 그가 걷는 기적이 일어났지만, 그 나음 받은 병자가 할렐루야 하며 성전에 가서 감사 기도하고, 행복한 삶을 살았다면, 유대인들이 보는 시선은 다르다. 그들의 시선은 오직 율법적인 곳에 가 있다. 9절에 그 병을 낫게 한 날이 안식일이라는 것이다. 같은 기적이 일어났지만, 그것을 믿느냐 아니냐는 또 다른 차원이다.

우리도 나에게서, 또 내 옆에서 기적이 일어나고 있는데, 그곳을 감사함으로 체험하지 못하고, 우리의 얄팍한 이성으로 논리로, 관습으로 재단하느라 바빠, 그 은혜를 감격하지 못하고 있지는 않는가? 유대인들의 시선에는 진리를 거부하는 경멸이 담겨 있다. 이들은 예수님의 자비와 신적 권위 위에 자신들의 율법적 권위를 올려놓는다. 결국 그들은 시기심 등이 예수님을 죽이는 쪽으로 방향 잡아가게 된다.

우리는 주님께 자비를 구해야 한다. 그 병자는 처음에 병 낫고 나서는 주님을 몰랐다. 그가 누구인지 몰랐다.(13절) 그런데 성전에서 주님은 다시 그를 찾아와서 보고 다시는 범죄치 말라고 하신다.(14절) 아마 그 병자는 38년간 고통당했던 병이 낫게 되어 감사하기 위해 성전에 있었을 수도 있다. 어쨌든 그는 주님을 알지 못하고 병만 나았는데, 이제는 주님 이라는 존재를 깨닫는다. 자비의 주님이 베풀어주신 은혜를 온전히 체험하게 된다.

주님 나를 치료하시니
참 감사합니다
주님 나를 치료하시니

참 감사합니다
여호와 라파 여호와 라파
주님 나를 치료하시니
참 감사합니다

주님 나를 사랑하셨네
날 구원하셨네
주님 나를 사랑하셨네
날 구원하셨네
할렐루야 아멘 할렐루야 아멘
주님 나를 사랑하셨네
할렐루야 아멘
(복음송, '주님 내 길 예비하시니')

나그네로 있을 때에

"외모로 보시지 않고 각 사람의 행위대로 심판하시는 이를 너희가 아버지라 부른 즉 너희가 나그네로 있을 때를 두려움으로 지내라."(벧전1:17)

벧전 1:17-21은 하나님을 경외해야 할 것과 그 이유에 대해 언급하고 있다. '외모로 보시지 않고…' : 하나님은 겉으로 드러난 인간의 모습보다는 마음 중심에서 비롯된 행위에 더 관심을 가진 분임을 말하고 있다.

기독교에서 나그네는 순례자라고 볼 수 있다. 순례자라 할 때 pilgrim은 원래 라틴어 필레그리누스pilegrinus에서 왔다. 이 뜻은 외국인, 낯선 사람이라는 뜻이다. 모세의 아들 이름 게르솜은 stranger라는 뜻이다.

이처럼 나그네에게는 우리가 사는 이 세상이 다가 아니다. 그렇기 때문에 우리는 이 세상에 대해 나그네인 것이다. 우리의 소속은 하늘나라 이다. "하늘에 속한 자"의 주소Adress를 가진다. 왜 그럴까? 우리는 우리의 주님이 우리 죄를 용서, 구원해 주시고, 우리는 그 은혜에 감사해서 늘 주님께 영광 돌리며 살아가는 존재이니까 그렇다….

우리는 나그네라 해도 분명한 출발지와 목적지를 가진다. 즉 미래의 도달할 점이 있는 것이다. 출발지는 우리가 주님으로 부름 받은 선택된 자인 시점이다.

하나님께 부르심을 받은 자는 그 순간부터 순례자가 되는 것이다. 나그네가 된다는 말이다. 가치관이 달라진다. 이 세상의 것은 우리의 부러움의 대상이 아니다. 아브라함을 보라. 자신의 모든 것을 다 버리고 아비 집을 떠나라고 하니 떠나지 않았던가?

그런데 나그네가 된다는 것이 이 세상 직업 없이 세상적인 것은 모두 다 버리고 은둔해서 살아가야 한다는 뜻인가? 그건 아니다. 그러면 우리는 나그네로 지내면서 두려움을 가지고 지내라는데, 이것은 구체적으로 어떻게 하는 것이 두려움을 가지고 지내는 것인가? 한 마디로 말해서 '경건하게 살아라'는 말이다.

그런데 크리스천의 삶은 각자 이 나그네 길이지만, 혼자 가는 길이 아니다. 다시 말해 우리는 공동체를 이루어 가는 것, 즉 교회를 통해 신앙생활 한다는 것이 올바른 기독관이다. 우리는 간혹 본다. 하나님을 나 혼자 잘 믿으면 되지 뭐 교회 나가 이런 저런 갈등하면서 살아야 하나? '가나안 교인'(하나님은 믿으나 교회는 '안 나가'는 신자들을 일컬음)들의 대부분이 이런 생각에서 출발한다. 물론 그들 중 교회에 상처받은 사람들이 많긴 하지만.

그래서 우리 크리스천은 혼자 가는 솔리스트가 아니다. 서로 그리스도의 빛을 발하는 사람들이 모인 작은 섬에 모여 있는 사람들이다. 우리로 이 작은 섬에 모여있지만 치유와 평안이 넘치는 영향력 있는 삶을 살아간다. 소금과 빛의 삶이 바로 영향력 있는 삶이다.

또 하나님은 우리에게 삶의 지침서를 주셨다. 다름 아닌 성경이다. 성경은 주님이 주신 지도이다. 그것은 하나님의 뜻에 합당한 길을 가도록 우리를 가르친다. 성경을 모를 때(중세)는 성도들이 어느 것이 올바른 길인지 전혀 알지 못했다. 그래서 왈도Waldo, 위클리프Wycliffe, 후스Huss, 루터Luther 등 종교개혁자들이 성경을 자국어로 번역하려고 그렇게 노력했던 것이다. 성경 책 외에 많은 좋은 신앙 서적을 주셨다. 이를 테면 토마스 아 켐피스의 『그리스도를 본받아』, 존 번연의 『천로역정』, 칼빈의 『기독교 강요』 등이 있다. 이뿐인가? 우리의 신앙을 세울 수 있는 많은 자료들을 주셨고, 무엇보다도 성도들의 교제를 통해 서로 세우고, 서로 치유하는 아름다운 방편들을 허락하셨다.

순례자의 길은 평탄하지 않다. 우리의 인생처럼 굴곡이 있다. 이것만 보면 세상 사람들의 삶과 똑 같다. 하지만 우리 크리스천들은 이것을 바라보는 눈이 다르다. 우리의 눈은 우리가 소속된 하늘을 바라본다.

크리스천 교수 몇 명이 모여 미쏘마 포럼을 하고 있다. 미쏘마라는 말은 사도행전 마지막 부분에(28: 30-31) "이태 동안 자기 셋집에 바울이 유하며"에 나오며, 셋집이라는 뜻의 헬라어 $\mu\iota\sigma\theta\omega\mu\alpha$ 이다. 그렇다. 우리는 모두 세 들어 살고 있다. 영원히 지속되는 재물이 없다. 우리는 이 지상에서 나그네이다. 우리는 이 지상에서 취할 것이 없다. "인생은 풀과 같으니, 들에 펴 있는 꽃과도 같아서 바람이 지나면 그곳은 없어져… 그곳을 다시 알지 못하리로다…" 우리는 우리의 재물을 천국에 저축하는 것이 지혜로운 삶이다.

미쏘마에서 바울은 또 담대히 하나님 말씀을 전했다. 또 주 그리스도 예수에 관한 것을 가르쳤고 금하는 사람이 없었다고 되어 있다. 더 이상 정확한 기록은 없지만, 어느 문서에 따르면, 로마에서 다시 전도여행을 떠났다 와서는 그 이후 6년 미치광이 레오 황제 때 참수형을 당한다. 로마 근교에 가면 바울이 참소 당한 곳이 있다. 또 구보로 섬(지금의 사이프러스)에 바울이 묶여져 매 맞은 곳도 있다. 그리고 곳곳에 바울의 흔적을 유럽 여행을 하다 보면 볼 수 있다.

나그네와 같은 내가 힘이 부족하오니
전능하신 나의 주여 내 손 잡고 가소서

하늘 양식 내게 먹여주소서
하늘 양식 내게 먹여 주소서

요단 강을 건널 때에
겁이 없게 하시고
불과 구름 기둥으로
갈길 인도하소서
나의 주께 항상 찬송 드리리
나의 주께 항상 찬송 드리리

(찬송가 376장 '나그네와 같은 내가' 1, 2절)

하늘에 속한 자

"그러므로 너희가 그리스도와 함께 다시 살리심을 받았으면 위의 것을 찾으라. 거기에는 그리스도께서 하나님 우편에 앉아 계시느니라. 위의 것을 생각하고 땅의 것을 생각하지 말라."(골 3:1-2)

새로운 우편번호가 도입된 지가 몇 년 된다. 그동안 많은 사람들이 불편해 하기도 했고, 또 언젠가는 한 번 정비되어야 하는 사항이기 때문에 새로운 번호에 익숙해지려고 노력하고 있다. 우편 주소가 잘못되면 어디로 가는가? 수취불명이라 해서 다시 돌아오거나 아니면 뭣이 잘못되어 실종되어 버린다. 그래서 정확하고 똑똑하게 주소를 적어야 한다.

우리의 주소는 어디인가? 우리의 미래 주소는, 또 현재 주소도 천국이다. 하늘나라이다.

주님도 자신의 여정을 말씀하시고 있다: "내가 아버지에게서 나

와 세상에 있고 다시 세상을 떠나 아버지께로 가노라 하시니…"(요16:28)

주님이 겟세마네 동산에서 하나님께 기도하고 있었다. 사투를 벌린 기도이다. 피눈물이 바위를 적신다. 아무런 죄 없이 십자가를 져야하는 운명에 놓인 예수님이다. 어느 누구도 도와주지 않고 하나님만 바라보고 나아가야 하는 실존적 상황이다. 마치 욥이 당한 고난처럼, 주님은 이 잔을 마셔야만 하나님의 뜻을 완성할 수 있는 것이다.

주님은 말씀하고 있다. '내가 세상에 속하지 아니함 같이 그들도 세상에 속하지 아니하였삽나이다.' (요17:16)

위의 것을 찾으라. 우리는 한 곳을 선택해야 한다. 우리에게는 중간지대라는 것이 없다. 몸은 땅을 딛고 있지만 우리의 소속은 하늘이어야 한다. 내가 지금 어디 소속되어 있는가는 매우 중요한 사항이다. 우리는 양다리를 걸쳐서는 안 된다.

하나님께 속한다고 하면서 세상에 속한 자들이 있는가? 사도행전 1장 25절에 보면 "유다는 이 직무를 버리고 제 곳으로 간다"고 되어 있다. 가룟 유다는 주님을 배반한 사람이었고, 이 말씀에 보면 그는 '세상에 속한 사람 where he belongs'이라고 되어 있다.

이런 일을 구약에는 사울 왕을 들 수 있다. 신약에서는 위에서 말한 유다 외에 "데마는 이 세상을 사랑하여 나를 버리고 데살로니가로 갔고", "그레스게는 갈라디아로, 디도는 달마디아로 갔

고….".(딤후 4:10)

그리고 예수님이 만난 부자 청년이 있다. "그 청년이 재물이 많으므로 이 말씀을 듣고 근심하여 갔다."(마19:22)

하늘에 속한 자들의 특징을 알아보자.

우선, 하늘에 속한 자를 세상이 미워한다고 되어 있다. 그렇다. 우리는 세상에 칭찬을 받고 하나님께도 칭찬을 받으면 그보다 더 좋은 게 없다고 말한다. 그러나 진리는 우리가 지켜 나가고, 우리가 천국에 속한 자로 살아갈 때 많은 적들, 심지어 공동체 안에서도 시기하고 비판하는 사람이 있을 수 있다는 것을 염두에 두어야 한다.

그 다음, 하늘에 속한 자는 주님께서 진리로 거룩하게 하신다고 말씀하신다. 또 진리로 자유케 한다고 말하고 있다.(요8:32) "내가 길이요 진리요 생명이니"(요14:6)

그리고 하늘에 속한 자에게 신령한 복을 내려주신다고 말씀하신다.(엡1:3-6)

우리는 택함을 받았다 - "그러나 너희는 택하신 족속이요 왕같은 제사장들이요 거룩한 나라요 그의 소유가 된 백성이니 이는 너희를 어두운데서 불러내어 그의 기이한 빛에 들어가게 하신 이의 아름다운 덕을 선포하게 하려 하심이라"(벧전2:9) "나는 하늘에서 내려온 살아있는 떡이니 사람이 이 떡을 먹으면 영생하리라."

I am the living bread that came down from heaven.(요6:51상)

　유럽을 가면 교회들이 많다. 제법 큰 교회 건물에는 스테인글라스가 장식된 곳이 많다. 밖에서 보면 스테인글라스가 되어 있다는 것만 알지 도대체 무슨 모양인지는 전혀 알 수 없다. 그 모양이 무슨 모양인지는 교회 안에 들어가 보아야 알 수 있다. 어떤 모양인지, 작가가 어떤 터치로 했는지, 디자인은 어떤지, 어떤 풍인지 등은 안에 들어와 스테인글라스를 보아야만이 알 수 있다.

　우리의 신앙도 마찬가지이다. 예수님 안에 들어와 봐야 정말 기독교가 어떤지, 하나님의 사랑이 어떤지, 천지를 창조하였다는 것이 믿어지는지, 역사를 주관한다는 것이 믿어지는지 등을 실감할 수 있다.

　교회 안은 들어가지도 않고, 눈치만 보고, 내 이득만 챙기려고 교회 앞을 서성이고 있지는 않은가? 찰싹 거리는 작은 파도만 보고 물가에서 서성이고 있지는 않은가? 이것도 아니고 저것도 아닌, 안도 밖도 아닌 어정쩡한 상태로 머물러 있지는 않은지? 미지근한 상태에 머물러 있지는 않은지? 마치 라오디게아 교회처럼 어정쩡하게 말이다. "네가 네 행위를 아노니 네가 차지도 뜨겁지도 아니하도다. 네가 차든지 뜨겁든지하기를 원하노라. 네가 이같이 미지근하여 뜨겁지도 아니하고 차지도 아니하니 내 입에서 너를 토하여 버리리라"(계3:15-16)

하늘에 속한 자는 세상을 바라보지 않는다. 세상에 미련을 두지 않는다. 양 발을 세상에 딛고 있지만 세상의 것에 만족하지 않는다. 누가 우리의 주인이고, 내가 어디서 왔으며 내가 어떻게 살아야 하며 또 내가 어디로 가야하는지 알고 있다. 하나님이 어떤 존재인지를 아는 사람들이다.

그래서 경건하게 살아야 하는 것이다. "경건하지 않은 것과 이 세상 정욕을 다 버리고 신중함과 의로움과 경건함으로 이 세상에 살고…"(딛2:12)

"주 여호와는 나의 힘이시라 나의 발을 사슴과 같게 하사 나를 높은 곳으로 다니게 하시리로다."(합3:19상)

내 주 하나님 넓고 큰 은혜는
저 큰 바다보다 깊다
너 곧 닻줄을 끌러 깊은 데로
저 한 가운데 가보라

많은 사람이 얕은 물 가에서
저 큰 바다 가려다가
찰싹 거리는 작은 파도 보고
마음 약하여 못가네

언덕을 떠나서 창파에 배 띄워
내 주 예수 은혜의 바다로

네 맘껏 저어 가라

(찬송가 302장 '내 주 하나님 넓고 큰 은혜는')

다른 복음과 바른 복음

"다른 복음은 없나니 다만 어떤 사람들이 너희를 교란하여 그리스도의 복음을 변하게 하려 함이라"(갈1:7)

갈라디아서는 바울 선생께서 갈라디아 지역에 있는 초대 교회 성도들에게 보낸 편지이다. 다른 서신서가 그렇듯이 바울은 이러한 서신을 통해 아직 자리 잡지 못한 당시 초대교회 성도들을 위로하고 또 잘못된 것이 있으면 꾸짖으며 복음의 진리를 굳건히 세우려고 노력하고 있는 모습을 찾아볼 수 있다.

갈라디아서는 바울의 서신 중에서 가장 먼저 씌어진 서신들 중 하나이다. 특히 이 복음서에는 기독교인의 자유에 대하여 언급하고 변호하고 있는 점에 주목할 필요가 있다. 이것은 5장부터 본격적으로 나온다. 왜냐하면 율법에서 기독교의 참 자유가 보장되는 것이 아니고 믿음을 담보로 하고 있다는 것을 보여주고 있기 때문이다.

바울은 갈라디아에 보내는 이 편지를 아무런 체계 없이 즉흥적으로 글을 쓴 게 아니라, 치밀한 의도와 목표를 가지고 기술하고 있다는 것을 알 수 있다. 그래서 이 편지는 '완결된 전체'로 보아야 하고 바울이 그들에게 편지를 쓸 수밖에 없었던 그의 처지와 그의 공동체의 상황을 면밀히 검토할 필요가 있다.

다시 말해 갈라디아서는 투쟁의 위치에 있는 바울의 모습을 보여주고 있다. 누구와의 투쟁인가? 당시 바울을 반대하던 사람들과의 투쟁이다. 그들은 바울이 사도가 아니고, 그의 사명도 혼란스러우며 너무 단순하며 또 도덕이나 율법도 없는 교훈을 가르친다고 비난하고 있기 때문이다. 이에 대해 바울은 간략하고도 단호한 태도로 하나님의 입장을 대변한다.

결국 바울이 갈라디아서를 쓴 목적은 공동체를 반대파들의 교훈(α)으로부터 보호하기 위한 것이다. 여기서 예수에 덧붙여지는 교훈은 할례(갈 2:16, 5:2)와 모세 율법 준수였다. 이러한 법률이 복음에 끼워진 것이다. 하지만 복음은 예수만이 중심이 될 때 사람들을 자유롭게 할 수 있다. 구원은 예수 그리스도를 믿는 믿음을 통해서만이 이루어진다는 것이다. 이사야44:6에도 "나는 처음이요 마지막이니 나 외에는 다른 신이 없느니라"라고 한다.

α가 설쳐댄다. 여기서 α는 무엇인가? 이에 대한 바울의 태도는 어떠했는가? 오늘날 기독교가 왜 힘든가? 복음이 혼탁하기 때문이다. 복음이 복음으로 살아남지 못하고, 복음이 α에 묻혀 맥을

못 추기 때문이다. 이것이 우리 한국교회에는 무엇으로 나타나는 가? 물량주의와 세속화이다. 복음이 변질된 것이다. 우리의 관심이 세상의 성공에 가 있다.

오늘 갈라디아서에서 말하는 α가 우리의 신앙의 근본을 흔들어 놓았다. 주객이 전도되는 것이다!

목사가 단에서 설교할 때 진리를 외치지 못 한다. 은혜 받은 것, 삶을 설교해야하는 데 그러지 못한다. 왜 그런가? 죄를 질책하면 다른 교회로 가버린다! 요즘은 교회를 나가주기 때문이다. 그래서 목사가 단에 올라와 이상한 소리를 할 수도 있다. 진리를 외치기 보다 3분 만에 웃겨야한다는 설도 있다. 그래서 올라가자마자 농담부터 한다. 좋게 말하면 맘 문을 여는 것이다. 이러한 것은 20년 전 미국이 그랬다.

동성애가 독일 등 유럽에서는 수십 년 전부터 공공연하게 설쳐 댄다. 소수의 입장을 인권과 결합시키고 있다.

α가 있는 한 우리는 자유롭지 못하다. 우리는 α를 첨부하면서 왜 이렇게 자유롭지 못한가 하고 의아하게 생각한다. 원인을 찾지도 못하고 있다. 예수를 선명하게 내세우고, 예수만을 철저하게 의지하고, 오직 예수님만을 높일 때 우리는 참 자유를 누릴 수 있는데 말이다.

참 자유에도 두 가지가 있다. 죄에서 벗어나는 소극적 자유가 있고, 더 나아가 그리스도를 위해, 남을 위해 봉사하는 적극적 자유가 있다. 죄에서 허덕이다 거기서 벗어나 자유를 얻는 것도 하나님의 큰 축복이다. 그러나 성숙한 자유는 거기에 머물지 않고 남을 위해 쓰임 받는 것이 더 적극적인 자유인 것이다. 우리는 소극적 자유에서 더 나아가 적극적 자유로 나아가야 한다.

"위의 것을 생각하고 땅의 것을 생각하지 말라"(골3:2)고 하지만, 위의 것을 바라보지 못하고 세상의 것에 함몰되어 있다.

여기서 바울은 갈라디아 교인들에게 복음의 선명성을 말하고 있다. 오직 예수!

그래서 우리의 신앙 간증이 무엇이 되어야 하는가? 세상적으로 성공한 사례가 신앙 간증이 되면 안 된다. 우리의 신앙 간증은 결과가 어떻든 주님 뜻대로 하니 주님의 은혜가 이러이러했다는 것이 간증이 되어야 한다. 그래서 주님의 이름이 오직 높임 받는 이것이 간증이 될 수 있을 것이다.

죄에 대한 설명은 갈라디아서 5:19-21에 잘 나타나 있다. 이러한 데서 자유로워져야 한다는 것이다.

그런데 여기서 머물지 말아야 한다. 더 적극적인 자유로 나아가려면 자기 죄의 문제 안에서 헤매고 머무는 것이 아니라, 남을 위해 자신을 드리는 적극적인 자유의 형태로 나아갈 수 있다. 무엇으로? 오직 예수님에 의해서 이다. 그리고 갈라디아서 5장에는 성령을 좇아 이러한 것이 가능해 진다는 것이다.(갈5:16-18)

지금 이 성도가 살아있는 성도냐 아니냐, 이 교회가 죽은 교회인가 아닌가, 이 종교가 죽은 종교인가 아닌가를 판단하고 판단되는 시기이다. 부디 우리는 살아있는, 생명있는 한 송이 꽃으로, 이 시대에 한 빛을 조용히 묵묵히 비추는 우리가 되어야 하겠다.

갈라디아서는 오늘날 우리에게 많은 것을 시사하는 복음서라고 할 수 있다. 왜냐하면 상대주의와 세속주의가 판을 치는 이 시대에 강력한 지침을 내려주는 복음서이기 때문이다.

포스트모던 시대를 살아가는 오늘날 우리는 다원주의 가치관에 노출되어 있다. 오늘날 시대는 상대주의 이론이 팽배하다. 상대주의는 20세기 초 혹은 19세기 말부터 들어온 사상으로, 19세기 철학자 니체의 공이 크다. 니체는 신은 죽었다는 말을 하면서 형이상학적 절대 진리를 거부하게 되고, 결과적으로 선과 악의 구분을 허물어버렸다.

우리는 정신을 똑 바로 차려야 한다. 우리는 지금 영적 전쟁시대에 살고 있다.

우리는 무력감에 빠져서는 안 된다. 지금 할 일이 너무 많다. 각 영역에서 우리는 주님을 위해 뭔가를 해야 한다.

우리는 다른 복음에서 벗어나 바른 복음을 좇아야 할 것이다.

오오 자유 오오 자유
나는 자유하리라
비록 얽매었으나
나는 이제 돌아가리
자유 주시는 내 주님께
(복음송 '오오 자유')

택함 받은 삶

"나는 참 포도 나무요 내 아버지는 농부라"(요15:1)
"나는 포도나무요 너희는 가지라"(요15:5)

주님께서는 공생애 사역을 하시면서 자신을 말할 때, 나는 …다라고 말씀하신 부분이 있다. 헬라어로 '에고 에이미 ἐγώ εἰμι'라고한다. 즉 – "나는 … 이다.I am that I am"이라는 말이다. 이는 모세가 호렙산에서 하나님을 만났을 때 하나님께서 자신을 가리켜 "나는 스스로 있는 자"라 말씀하신 것과 일맥상통하다.

요한복음에 이런 '에고 에이미'가 7번 나온다.(나는 생명의 떡이다. 생명의 빛이다. 선한 목자다. 길이요 진리요 생명이다. 포도나무다) 이런 표현은 신학적으로 볼 때 예수님의 주권적 표현을 보여준다. 즉 하나님의 말씀은 선포되는 것이다. 천지를 만드시고, 생사화복을 주장하시고 온 인류의 역사를 주관하시는 하나님은 창조자이지 피

조물은 아니다.

독일이 자랑하는 괴테는 80세 넘어 살면서 많은 작품을 남겼다. 시, 소설, 드라마 할 것 없이 훌륭한 작품을 후대에 남겼기 때문에 세계문학계에 괴테로 말미암아 독일문학이 명함을 낼 수 있었던 것이다. 그의 초기 작품에 〈프로메테우스〉라는 시가 있다. 이 시의 마지막 연은 이렇게 되어 있다. "나는 앉아 빗노라. 나를 담아 울 줄도, 웃을 줄도, 고뇌할 줄도 아는 인간을 빗노라! 나를 닮은 인간을!" 여기서는 프로메테우스가 인간을 창조하고 있다. 말하자면 인본주의의 극치를 보여준다.

19세기 독일 철학자 포이어바흐 L. Feuerbacher는 신은 인간이 만들어 낸 것이라고 말한다. 우리 인간의 속성에는 신의 형상을 만들어 내고 싶어 하는 속성이 있고 그에 따라 만들어진 것이 신이라는 것이다. 또 이 시기 니체는 상대주의를 만들어 낸다. 상대주의는 20세기 초 혹은 19세기 말부터 들어온 사상으로, 니체로부터 시작한다고 볼 수 있다. 니체는 신은 죽었다라는 말을 하면서 형이상학적 절대 진리를 거부하게 되고, 결과적으로 선과 악의 구분을 허물어버렸다. 다윈의 진화론과 더불어 19세기말부터 더욱 심하게 불어 닥친 기독교 배척 사상은 정말 가공할 위력이었다.

요 15:16에는 하나님이 우리를 택하셨다고 되어 있다. 기독교가 불교와 다른 점은, 기독교는 위에서 내려오는 종교이고, 불교는 밑에서 올라가는 종교이다. 우리의 택함이 하나님의 주권에 달려 있다. 그래서 '에고 에이미'는 주권자이신 하나님의 선포이다. 우리가 만들어 낸 형상이 아니라, 우리가 의논해서 도출한 이론이 아니라, 하나님의 선포인 것이다. 따라서 우리가 하나님을, 내가 하나님을 택한 것이 아니라 하나님이 우리를 택하신 것이다.

"나 여호와가 의로 너를 불렀은즉 내가 네 손을 잡아 너를 보호하며 너를 세워 백성의 언약과 이방의 빛이 되게 하리니…."(사 42: 6)

아직 불교 집안에서 예수님을 모르고 그냥 세상을 이럭저럭 살 수밖에 없던 나에게, 그저 세상의 가치관에 따라 살아갈 수밖에 없는 나에게 주님이 찾아오셔서, 주님의 자녀로 삼아주시고 구원해주셨을 뿐 아니라, 주님의 전도자로 삶을 살아가도록 인도하셨다. 할렐루야!

하나님이 부르셨고, 하나님이 우리 인생을 주관하신다. 그렇다고 우리는 그냥 아무 생각 없이 그냥 살아도 되는가? 그건 아니다. 하나님 뜻을 우리를 통해 실현시키기 위해 우리는 노력해야 한다. 실력도 갖추어야 하고 인격도 구비해야 한다. 신학적으로 말하자면 성화되어가야 한다는 것이다. 지금 우리나라 크리스천이나 교회의 문제는 무엇인가? 혹 살아도 믿기만 하면 아무렇게나 된다는 것인가? 이는 개신교의 신앙 원리와 맞지 않는다.

15:16에서는 열매 맺는 선교를 말한다. 열매가 항상 있게 하고(bear fruit) 과실은 물가에 심기어야 한다.(8절) 열매를 많이 맺으면 내 아버지께서 영광을 받으시는데 이를 위해서는 가지에 붙어있어

야 한다. 열매를 맺지 않으면 하나님은 그것을 제거해 버린다.

마태복음 5:16절에서도 "이같이 너희 빛이 사람 앞에 비치게 하여 그들로 너희의 착한 행실을 보고 하늘에 계신 너희 아버지께 영광을 돌리게 하라"라고 말씀하고 있다.

예수는 참포도 나무
우리는 가지니
성령의 열매 맺고저
주님 안에 영원히 살리라
주 안에 살리라 주 안에 살리라
사랑 기쁨 건강과 평화
영원한 행복과 능력과 승리와 모든 것
더하여 주시네
(복음송, '예수는 참포도 나무')

'자기 부인 Self-Denial'

"무리와 제자들을 불러 이르시되 아무든지 나를 따라오려거든 자기를 부인하고 자기 십자가를 지고 나를 좇을 것이니라. 누구든지 제 목숨을 구원코자 하면 잃을 것이요 누구든지 나와 복음을 위하여 제 목숨을 잃으면 구원하리라"(막 8:34-35)

복음의 핵심은 무엇인가? 복음이 한 마디로 무엇인가? 요즘 많은 신도들이 추구하는 것이, 또 많은 설교자 목사님들이 설교하는 내용의 포인트가 어디에 가 있는가?

내가 존경하는 목사님 가운데, 1년 동안의 주제가 관통하는 게 있다. 바로 성도-십자가-고난-영광을 설교하신다. 영화, 번영을 말하는 것이 아니라 이 시대에 희생, 다시 말해 '자기 부인' 또는 '자기 부정 self-denial'을 강조하는 것이다.

부인한다는 말은 자기의 사욕대로 행하지 않고 오직 주님을 기쁘시게 하기 위해 자신을 버리는 것을 뜻한다.

"또 자기 십자가를 지고 나를 좇지 아니하는 자도 내게 합당치 아니 하니라"(마10:38)

"또 무리에게 이르시되 아무든지 나를 따라오려거든 자기를 부인하고 날마다 제 십자가를 지고 나를 좇을 것이니라. 누구든지 제 목숨을 구원코자하면 잃을 것이요 누구든지 나를 위하여 제 목숨을 잃으면 구원하리라. 사람이 만일 온 천하를 얻고도 자기를 잃든지 빼앗기든지 하면 무엇이 유익하리요"(눅 9:23-25)

칼빈은 『기독교 강요』 3권 7장에서 그리스도인의 삶의 요체로 자기를 부인함을 언급하고 있다.

"우리는 우리의 것이 아니다. 그러나, 우리의 생각이나 우리의 뜻이 우리의 계획과 행동을 주장하게 해서는 안 되는 것이다. 우리는 우리의 것이 아니다. 그러므로 우리의 죄악된 육체의 편리한 것을 목표로 삼고 그것을 추구해서는 안 된다. 우리는 우리 것이 아니다. 그러나, 할 수 있는 대로 우리 자신이나 우리에게 속한 모든 것을 잊어버려야 할 것이다." 여기서 그는, 하나님이 주인이심, 하나님께 온전히 드림, (딤2장 11절-12절, 모든 사람에게 구원을 주시는 하나님의 은혜가 나타나 우리를 양육하시되 경건하지 않은 것과 세상의 정욕을 다 버리고 신중함과 의로움과 경건함으로 이 세상에 살고…) 경건하지 않은 것과 이 세상의 정욕을 언급, 나를 낮추고 남을 높임, 이웃의 유익을 구함, 이웃을 향한 사랑 등에 대해 말하고 있다.

8장에서는 십자가를 지는 일이 '자기 부인'의 일부임을 밝히고 있다.

현대 크리스천들은 십자가 지기를 싫어하는 경향이 있다. 십자가 설교 듣는 것도 부담스러워한다. 그저 어떻게 하면 행복한 삶, 안락한 삶을 살 수 있을까 고민한다. 그래서 예수님이 지금 이 시점, 이 세상에 오신다면 어떤 반응을 보일까?

순종은 딴 게 아니다. 그리스도 안에서 죽는 것이다. 오늘 본문 말씀처럼 자신을 부인하고 자신의 십자가를 지고 주님을 따르는 것이다.

주님이 가장 싫어하시는 게 무엇일까? 불순종이다. 아담과 하와가 그랬고, 노아 시대 인간들이 그랬으며, 바벨탑을 쌓는 인간들이 그랬다. 하나님이 하지 말라는 것에 불순종한 것이다. 우리 인간은 하지 말라는 것은 꼭 하고 싶어 하는 습성을 가지고 있다.

사울이 아말렉을 쳤을 때 진멸하라는 하나님 말씀에 순종하지 않고 약탈물 중 좋은 것은 취했을 때, 사무엘은 '순종이 제사보다 낫고 듣는 것이 수양의 기름보다 나으니'(삼상 15: 22)라고 하지 않았는가? 여기 예배드리는 것도 중요하지만, 일상을 살아갈 때에 우리가 얼마나 하나님 뜻에 순종하며 살아가는가가 너무나 중요한 것이다. 삼상 22절 다음을 살펴보자. "이는 거역하는 것은 점치는 죄와 같고 완고한 것은 사신 우상에게 절하는 죄와 같은 같음이로다. 왕이 여호와의 말씀을 버렸으므로 여호와께서도 왕을 버려 왕이 되지 못하게 하셨나이다"(삼상 15: 23) 하나님 말씀을 거역하는 것이 얼마나 큰 죄인가를 보여주고 있다.

하나님은 순종을 기쁘게 받으신다. 순종을 위해서는 '자기 부인'이 우선되어야 한다. 즉 '자기 부인'이 신앙의 첫 걸음인 것이다.

우선 '자기 부인'은 하나님께 순종함으로부터 나온다.

우리는 하나님께 순종해야 한다. 하나님께 순종하려면 하나님의 뜻을 알아야 한다. 어떻게 하나님의 뜻을 알 수 있을까? 오직 성서밖에 없다. 루터를 포함한 종교개혁자, 페터 왈도, 요한 위클리프, 얀 후스 등이 가장 먼저 무엇을 한 줄 아는가? 자국어로 성서를 번역한 것이다. 그래서 존 웨슬리는 "책을 읽는 그리스도인만이 진리를 아는 그리스도인이다"라고 말하고 있다. 그리고 저 유명한 『그노몬 Gnomon』의 저자이면서 철저한 경건주의자였던 요한 알브레히트 벵엘 Johann Albrecht Bengel은 말년에 성서만을 계속 묵상하며 읽었다고 한다.

그리고 일단 주님의 뜻을 분명히 안다면 그것을 실천해야 한다. 야고보서 1장에, '너는 주께서 명하신 말씀을 행하라'라고 하지 않은가? 타협해서는 안 된다.

그리고 '자기 부인'은 겸손에서 출발한다.

우리는 얼마나 교만한지 모른다. 틈만 나면 나 자신을 먼저 생각한다. 현대에서 가장 절실하게 요구되는 많은 크리스천의 덕목이 있겠지만, 나는 의와 겸손이라 말하고 싶다. 사회가 혼탁하고 정의와 불의가 구분되지 못하며, 예수 믿는 우리가 일상 속에서 의를 따르지 못하기 때문에 어려움을 겪고 있다. 그래서 빛과 소금의 사명을 감당하지 못하게 되는 것이다.

또 하나 우리는 자칫 잘못하면 자랑하기 쉽다. 다른 말로 하면 겸손하지 못하다는 말이다. 고전 13장에 사랑에 대해 바울 선생이 말하면서, 사랑은 자랑하지 않는다고 했다. 다른 말로 겸손해야 한다는 것이다. 겸손이야 말로 넌 크리스천들이 크리스천들에게 요구하는 오늘날의 중요한 덕목이라 할 수 있다.

겸손이라는 말은 독일어로 데무트Demut이다. 이 단어의 어원은 dio + mout에서 나왔다. dio는 '종', '하인'을 의미하고, mout는 '용기', '기분'을 말한다. 다시 말해 겸손은 '섬기는 용기Kraft zum Dienen'를 말하는 것이다. 우리가 공동체에서 형제를 섬기고, 교회를 섬기는 것은 겸손함에서 출발한다.

18세기 독일의 경건주의자 중에 요한 프리드리히 플라티히 Friedrich Flattich라는 사람이 있었다. 그는 그 유명한 경건주의자 벵엘의 제자였고 참으로 보기 드문 교육자이고 사역자였다. 그에 관한 이런 일화가 있다. 인물이 출중하고 타인의 칭찬이 자자하니 자신이 교만해 지는 것을 막기 위해, 고의로 옷도 남루하게 입는 등 청빈한 생활을 했다. 그래서 하루는 거지같이 차려입은 그의 모습을 보고 누가 물었다. 당신 거지냐고! 그런데 플라티히의 반응이 의외였다. "맞습니다. 저는 죄인이라 늘 하나님께 은총을 구하고 모든 것을 채워주시는 주님께 많은 것을 구하기만 하는 거지가 맞지요!"라고 말하면서 주위 사람을 놀라게 했다.

우리는 우리 자신이 겸손해져서 남을 위해, 주님을 위해 진심으로 섬기는 자세를 가져야 할 것이다. 그런데 이 겸손의 힘은 자신에게서 나오는 것이 아니라 주님을 믿는 믿음에서 나온다는 것을 알아야 한다. 주님께서 어떤 일을 행하실 것이라는 믿음을 가지는 것이 겸손으로 나아가는 출발점인 것을 알아야겠다.

왜 이렇게 교회가 시끄러운가? 이 원인의 모든 것이 자신의 욕망에서 나온다. 기득권 유지에서 나온다. 우리는 공을 세우면 떠나가야 한다. 칼빈이 자기 무덤을 만들지 말라고 유언하지 않았던가?

이처럼 '자기 부인'은 세속화된 기독교를 청산하는 가장 중요한 핵심 사항이다.

예수님께서 자기를 희생하지 않고 십자가를 지시지 않았다면 우리 기독교가 어떻게 되었을까? 우리 크리스천이 희생하지 않고 꼿꼿이 살아 있다면 우리는 무엇으로 이 세상을 감동시키겠는가? 우리는 나 자신의 삶에서, 내가 이 세상의 주체가 아니라 나를 만드신 하나님이 나의 주인 되심을 인정하고 철저하게 그 분의 뜻에 순종하며 나아가야 할 것이다.

우리의 공동체 생활에서도 마찬가지이다. 다시 말해 내 자신은 양념같은 존재가 되어야지, 내가 주인이 되어 좌지우지하면 안 된다. 이처럼 어리석은 일이 있을까? 유한한 우리의 인생을 얼마나 더 잘나가게 할 수 있다고… 우리는 자신을 알아야 한다. 더 나아가 공동체를 위해 섬김의 자세, '자기 부인'의 자세를 갖추어야 한다.

마지막으로 '자기부인'은 경건함으로 사는 것이다.
"그리스도 예수의 사람들은 육체와 함께 그 정욕과 탐심을 십자가에 못 박았느니라"(갈 5:24)

예수 따라 가며, 복음 순종하면
우리 행할 길 환하겠네
주를 의지하며 순종하는 자를
주가 늘 함께 하시리라
의지하고 순종하는 길은
예수 안에 즐겁고 복된 길이로다
(찬송가 '예수 따라가며')

2인자의 삶 – 세례 요한

"요한이 대답하되 나는 물로 세례를 베풀거니와 너희 가운데 너희가 알지 못하는 한 사람이 섰으니 곧 내 뒤에 오시는 그 이라 나는 그의 신발 끈을 풀기도 감당하지 못하겠노라 하더라."(요 1: 26-27)

세례 요한에 대해서 우리는 여러 사실을 이미 잘 알고 있다. 세례 요한은 반半 유대인이면서 로마와 절친했던 헤롯왕 시대에 태어났다. 헤롯왕은 이스라엘 성전을 화려하게 건축하였고 수로를 건설했으며, 사해 근처 마사다에 별장을 짓기도 했던 당시 막강한 왕이었다. 한편 성적으로 문란하고 3세 이하의 영아 살육으로 악명이 높았던 왕이었다. 이런 암담한 시절에 요한과 예수님은 한 시대에 태어났다.

4복음서 중 누가복음은 세례요한의 출생을 비롯해서 요한에 대해 비교적 자세히 기술하고 있다. 요한은 제사장이었던 사가랴와, 또한 아론 제사장의 자손인 어머니 엘리사벳 사이에 태어났던 인물이다. 누가복음 1장 8절 이하에 보면, 제사장인 사가랴가 분향하기 위해 성전에 들어갔는데, 주의 천사가 나타나 그토록 원했던 자식을 주겠다고 했다.

"너도 기뻐하고 즐거워할 것이요 많은 사람도 그가 태어남을 기뻐하리니 이는 그가 주 앞에 큰 자가 되어 포도주나 독한 술을 마시지 아니하며 모태로부터 성령의 충만을 받아 이스라엘 자손을 주 곧 그들의 하나님께로 많이 돌아오게 하겠음이라"(눅1:14-16절)이라고 말한다.

요한은 아이에서 어른으로 자라난 것뿐 아니라 아이에서 하나님의 사람으로 자라났다. 그는 안락한 가족, 친척의 틀을 벗어나 성령에 이끌려 고독한 광야 속으로 들어갔고, 마침내 죄인들에게 회개하라고 외쳤던 것이다. 그는 광야에서 고독하게 기도하며 무장하면서 자신을 다져나갔다. 하나님이 부르시고, 재능을 주시고, 강하게 만들었던 것이다.

세례 요한은 광야에서 석청과 메뚜기를 먹고 살아갔다. 또 일부는 쿰란 사본으로 알려지게 된 쿰란 공동체 시카리파의 일원이었다고 말하는 사람도 있다. 이 공동체는 청빈과 경건의 삶을 이어갔던 '가난한 자들의 영성'을 주장하였다. 이들은 또한 과격한 애국주의자였는데, 나중에 적들이 들어오자 피신하면서 두루마리 필사본을 동굴에 숨겨 놓고 도망가서 돌아오지 못한 족속이었다.

이런 세례 요한이 어떤 사람이었는지 좀 더 자세히 알아보도록 한다.

우선 세례 요한은 길을 예비하는 자였다. 우리는 주님의 나라 확장을 위한 도구이다. 하나님은 우리를 필요로 하지 않을 수도 있지만 나를 사용하실 수는 있다. 세례요한은 자신은 광야에서 외치는 광야에서 외치는 하나의 '소리'라고 하였다.(23절) 이에 반해 주님은 '말씀' 그 자체이다. "말씀이 육신이 된 분"이 바로 주님인 것이다.

요한은 주님이 자신을 사랑하고 불러 재능을 주셨다고 믿었다. 하나님이 쓰시겠다하면 쓰시는 것이다. 우리는 아무런 힘이 없어도, 저 구석에 버림받은 모습으로 세상 사람들의 관심이 사라진 상태에서라도, 하나님이 쓰시겠다하면 쓰시는 거다.

또 세례요한은 겸손한 자였다. 요한은 한 번도 주님이 자기 동료라고 생각하지 않았다. 요한은 자신을 쳐다보라고 하지 않고 그를(예수님을) 보라고 하였다. 자신의 존재를 드러내고 싶지 않았다. "존귀 영광 모든 권세 주님 홀로 받으소서… 멸시 천대 십자가는 제가 지고 가오리다"라는 신앙을 갖고 있었다.

요한은 항상 예수님 등 뒤에 있었다. 요한복음 3:22-30에 보면 세례요한의 제자가 와서 약간 불평하는 조로 스승 요한에게 보고하고 있다. 모두가 다 세례 받으러 주님께로 간다(26절)라고 불평했을 때, 요한은 "하늘이 주시지 않으면 받을 수 없다"(27절)고 하면서 심지어 "그는 흥하여야 하겠고 나는 망하여야 하겠다"라고 말하고 있지 않은가? 정말 이 부분이야 말로 요한의 성경 중심, 진리 중심, 그리스도 중심인물임을 증명하고 있다.

요한은 번지수를 잘 알았던 사람이다. 우리는 종종 번지수를 혼돈한다. 착각하는 것이다. 주님이 앉을 자리에 덥석 앉고 만다. 얼마나 민망한 일인가? 이 작은 일도 실천 못한다면 그리스도인의 자격이 없다. 요즘은 덥석 앉는 사람이 하도 많아 그렇지 않은 사람이 나타나면 주목을 받는 세상이다. 그게 당연한데 말이다. 우리는 모든 영광과 존귀를 주님께 올려드리는 지혜로운 사람이 되어야 할 것이다.

주님이 마이스터 Meister 이시다. 우리는 도구이다. 커피를 예로 든다면, 주님은 바리스타이다. 우리는 커피 내리는 기구에 불과하다. 커피의 맛은 바리스타에게 달려 있다. 우리는 주님의 도구일 뿐이다. 일회용이 될 수도 있고, 제법 오래가는 영구용도 될 수 있다. 이것은 주인이 쓰기 나름이다. 우리는 토기장이가 만든 작품일 뿐이다. 그저 토기장이가 사용하는 대로 사용된다.

요한은 이러한 자신의 위치를 정확히 파악하고 있었던 사람이었다. 요한도 당시 랍비라 불릴 만큼 비중 있었던 사람이었다. 학파도 제자도 거느리고 있었다. 그런데 그는 "보라, 어린 양이로다"라고 예수님을 가리켰다. 자신을 따르는 것이 아니라 저기 있는 예수님을 믿으라고 가리킨 것이다. 이게 쉬울 것 같은가? 우리는 조금만 이루어 놓으면 우리가 나서려고 한다. 정말 평소 훈련이 되어 있지 않으면, 인격적으로, 또 성경의 이끌림으로 단련되어 있지 않으면, 한 순간 무너진다. 우리의 이름이, 명예가 중요한 게 아니다. 예수님이 모든 것의 중심이 되어야 한다. 우리는 나를 주장하시고 이끄시는 주님을 가리켜야 한다. 나를 가리키는 것이 아니라 내 손 가락으로 주님을 가리켜야 한다.

독일 신학자이자 의사인 슈바이처가 예수님이 요한에 대해 라이벌 의식을 갖고 있었다는 점을 지적한 것이 신학적으로 문제가 되었다. 눅 7:28에 "내가 너희에게 말하노니 여자가 낳은 자 중에 요한보다 큰 자가 없도다 그러나 하나님의 나라에서는 극히 작은 자라도 그보다 크니라 하시니"라는 구절을 가지고 슈바이처는 그렇게 말하고 있으나, 이것은 잘못되었다고 볼 수 있다. 왜냐하면 예수님은 요한에게 세례를 받게 하시지 않았지 않았던가? 그리고 분명 27절에 내 앞 길을 예비하는 자가 바로 이 요한이라고 하지 않았던가? 오직 하나님 아버지의 영광을 위해 성자되신 예수님께서 이러한 일을 행하셨다.

그래서 우리는 우쭐댈 이유도 없다. 낙담할 이유도 없다. 그저 우리는 사용되는 도구이기 때문에, 주님이 쓰시겠다 하면 나서고, 주님이 좀 쉬어라 하면 쉬면 된다. 손흥민 선수가 뛰고 싶다고 감독 허락 없이 그라운드에 나설 수 있는가? 요한은 예수님을 라이벌로 보지 않고 신랑으로 보았다. 자신은 신부이면서 신랑을 고대하고 기다리는 고귀한 존재로 본 것이다.

세례 요한은 자신에게 맡겨진 길을 온전히 갔던 사람이다. 모세가 출애굽의 사명을 가졌고, 바울이 세계 복음 전파의 사명을 가졌다면, 요한의 임무는 무엇이었는가? 그는 바로 주님이 오실 길을 예비하는 자였다. 요한의 특징은, 성경 중심이었다는 것. 그리고 진리 중심이었다는 것. 그리고 가장 중요한 그리스도 중심이었다는 것이다.

요한은 입과 손과 가슴으로 하나님을 섬긴 사람이다. 입으로 "회개하라"고 외쳤고, 손으로는 죄인들에게 세례를 베풀었으며, 가슴으로는 사람보다 하나님을 뜨겁게 사랑했던 사람이었다. 우리의 입과 손과 가슴은 어떠해야 하는가?

나사렛은 곁가지라는 뜻이다. 별로 중요하지 않다는 말이다. 이런 동네에서 주님이 자라났다. 세상 사람들, 특히 당시 종교지도자들에게는 콧방귀 낄 일이다. 요즘으로 말하자면 서울대 출신이 장관자리에 앉아야 어울리는데, 저 시골 출신이 대통령 되는 것과 비교할 수 있겠다. 고전1:27에 약한 자를 택하여 강하게 하시는 그 주님의 도구로 귀하게 사용하시는 것을 알 수 있다. 하나님은 내 속에서 그의 작품을 만드신다. 우리는 그저 순종하며 따라갈 뿐이다.

약할 때 강함 되시는
나의 보배가 되신 주
주 나의 모든 것
주안에 있는 보물을
나는 포기 할 수 없네
예수 어린 양
존귀한 이름
예수 어린 양

존귀한 이름

(복음송 '약할 때 강함 되시는')

깊은 데로 가서

"말씀을 마치시고 시몬에게 이르시되 깊은 데로 가서 그물을 내려 고기를 잡으라. 시몬이 대답하여 이르되 선생님 우리들이 밤이 새도록 수고하였으되 잡은 것이 없지마는 말씀에 의지하여 내가 그물을 내리리이다 하고 그렇게 하니 고기를 잡은 것이 심히 많아 그물이 찢어지는지라." (눅5:4-6)

우리의 신앙은 두 가지 형태가 있다. 하나는 예수님을 알고 믿지만 그저 표피적인 신앙생활에 머물고 있는 것이다. 다시 말해 간당간당하게 예수 믿고 사는 사람들이다. 이들은 기본만 채우는 자들이다. 선거 때나 절기 때나. 그래서 우리는 선데이 크리스천, 네임 크리스천이라고도 한다.

또 다른 하나는 예수님을 더 깊이 믿고 더 많이 알고 예수님과 더 가까이에서 살아가는 사람들이다. 이 사람의 삶은 주님의 은혜가 넘쳐나는 삶을 살아가고 있다. 이런 류에 해당하는 사람은 순교자 등이라 할 수 있다.

이 둘의 중간 단계로 교사나 찬양대원으로 봉사하지만 하나님에 대한 사랑의 열정이 부족하거나 없는 사람, 아니면 사역자라도 자신의 사역적 기본 의무만 담당하기에 급급한 자들이 여기에 해당한다고 볼 수 있다.

본문에 예수님은 피로에 지친 베드로에게 더 깊은 곳으로 가서 그물을 던져보라고 말씀하신다. 그때만 해도 베드로는 예수님이 어떤 사람인 줄은 전혀 모르고 있었다. 그런데 베드로는 예수님 말씀을 그냥 흘러듣지 않고 그냥einfach 순종했다. 범상한 예수님의 제안 혹은 지시에 이끌렸다. 그래서 이런저런 복잡한 생각을 하지 않고 그저 순종하며 그물을 던졌던 것이다.

그래서 어떤 결과가 나타났는가? 그물이 찢어질 정도로 대박이 난 것이다. 우리는 하나님의 살아계심을 믿고 더 깊이 나아가봐야 그 분의 능력과 은혜를 더 넘치게 체험할 수 있다. 그저 찰싹거리는 물가에 있지 않고 더 넓은 바다로, 더 깊은 바다로 나아갈 때, 진짜 그리스도의 은혜를 체험할 수 있다. 물가에 머문다면 주님이 주시는 참된 기쁨과 희열을 느끼기에는 부족할 뿐이다.

그래서 휴 홀트 Hugh Halter 는 『믿음을 살다』라는 책에서, 1단계의 삶은 첫 번째 결정에 머문 사람이라고 한다면 2단계의 삶은 두 번째 결정으로까지 나아간 사람이라고 말한다. 휴턴의 이 책은, 그리스천이 신앙생활하면서 표피적인 차원에만 머물 것이 아니라, 예수님의 성육신의 단계에까지 나아가야 한다고 강조하고 있다.

첫 번째 결정만 한 그리스도인은 예수님께서 자신을 위해 예비하신 일을 믿기로 한다. 그냥 교회에 참석하는 사람일 수도 있고 찬양을 즐기며 성경공부를 통한 지적 충족을 채울 수도 있다. 그러나 이들은 그 수준에서 한 걸음도 더 나아가지 못한다. 이들은 활발한 신앙생활, 교회 생활은 하나 개인적 종교적 소양을 끌어올리는데 그쳐버리고, 남을 위한 배려나 섬김이 부족하다.

하지만 두 번째 결정에 속한 사람은 이미 첫 번째 결정을 하고서는 예수의 삶을 따르기로 결정한 사람들이다. 예수님이 그랬던 것처럼 원수도 사랑하고 자신을 괴롭히는 사람을 오히려 섬기려는 사람들이다. 왕따를 절친으로 삼고 종교적 형식을 넘어 살아있는 실제 신앙을 보여주는 사람들이다.

딤후3:5절에 "경건의 모양은 있으나 경건의 능력을 부인하니 이 같은 자들에게서 네가 돌아서라"고 말씀하신다.

첫번째 결정을 한 사람들은 세상이 주도하는 문화에 휩쓸려 다닌다. 하지만 두번째 사람들은 세상의 조류를 거슬러 올라가며 주님을 신실하게 즐거이 따라가는 사람들이다. 인격이 완전히 변화된 사람들이다. 그리스도의 인격으로 변형된 transformed 사람들이다.

성경의 여러 장면을 그림으로 그려볼 수 있다. 예를 들면 중풍병자를 지붕을 뚫고 예수님에게로 내리는 장면, 예수님이 십자가 달릴 때의 장면을 그림으로 그려보자. 베드로와 예수님 만나는 장면에서 나는 어디쯤 있을까? 어디쯤 서서 이 장면을 체험할까?

십자가 바로 뒤를 열심히 따라가고, 가장 앞에서 주님의 행적을 눈앞에 보며 체험하며 살아가는가? 아니면 남의 일처럼 멀리서 그냥 구경만 하고 평생을 보내겠는가?

주님을 따라가는 사람들도 그 긴 행렬에서 어디쯤 서서 따라갈 수 있을까? 바로 눈앞에서 체험할 수 있을 거고, 혹은 멀리 서서 주님의 행적을 희미하게 혹은 옆 사람의 설명을 통해 전달 받을 수도 있을 것이다. 우리는 어디에 서있겠는가?

그저 교회 문만 들락날락하고 교회마당만 왔다 갔다 하며 인생을 마치겠는가, 아니면 베드로가 그물을 깊은 곳에 던진 것처럼 화끈하게 인생을 주님을 위해 한 번 살아보겠는가?

신앙생활은 악세서리가 아니다. 그저 무늬만 가지고 아니 어떤 때에는 자신의 목적에 주님을 끼어들어 살아가는 게 아니다. 정말 대오각성 하는 마음으로 하나님을 깊이 체험하는 자들이 되어야 겠다.

물론 하나님은 뜰만 밟고 다니고 찰싹거리는 물가의 연약한 우리의 존재도 사랑하시고 긍휼히 여기는 분이시다. 하지만, 우리가 이왕 신앙생활 할 거면 한 번 확실하게 우리의 몸과 마음을 하나님을 위한 헌신의 제물로 바친다면 얼마나 아름다울까? 이것이 바로 좁은 길이지만 기쁨의, 십자가의 길인 것이다.

두려워 말라
내가 너를 구속하였고
너를 지명하여 불렀나니

너는 내 것이라

두려워 말라
내가 너를 구속하였고
너를 지명하여 불렀나니
너는 내 것이라

네가 물 가운데로 지날 때
내가 함께 하리라
네가 불 가운데로 행할 때
너를 보호하리니

두려워 말라
내가 너를 구속하였고
너를 지명하여 불렀나니
너는 내 것이라

너를 지명하여 불렀나니
너는 내 것이라
(복음송 '너는 내 것이라')

만홀히 여김 받지 않으시는 하나님

"스스로 속이지 말라 하나님은 만홀히 여김을 받지 아니하시나니 사람이 무엇으로 심든지 그대로 거두리라"(갈 6:7)

여러분에게 하나님은 어떤 존재인가? 사람은 각자마다 살아온 체험이 있고 그 체험에 따라 모든 사람과 사물을 판단하게 된다. 이것을 가치관이라고 그런다. 그래서 어떤 가치관을 가지고 살아가느냐에 따라 우리 인생의 출발도, 목표점도 바뀌게 된다. 예를 들면 낙관적인 세계관을 가진 사람은 사물을 보는 눈이 긍정적이기 때문에 매사에 밝고 맑게 살아갈 수 있는 반면, 염세적 세계관을 가진 사람은 우울증에 빠져 한 순간도 살아내기가 버거운 사람이 있을 거다.

우리는 어떤 삶을 살아가는가? 우리의 삶에서 하나님을 의식하고 산다는 것은 어떤 의미가 있을까? 흔히들 그런다. 늙어서는 종교 하나쯤은 가지면 좋고, 안 믿는 것보다는 하나쯤 믿어 보는 게 밑져봤자 본전이라는 거다.

우리에게 하나님은 어떤 분인가를 다시 한 번 질문해 보자. 오늘날 크리스천들은 세상 사람들에게 온갖 욕을 다 들어먹는 지경이 되어 버렸다. 왜 이렇게 되었는가? 바로 우리의 세상 욕망 때문일 것이다. 모든 고등 종교에서는 탐욕을 벗어버리라고 얘기한다. 고등종교 중 고등종교라고 할 수 있는 기독교에서도 인간의 탐심을 경고하고 있다.

성경의 이러한 말씀이 늘 우리에게 경고하고 있다. 너희는 탐심을 버려라. 심령이 가난한 자는 복이 있나니… 부자가 천국에 들어가는 것은 낙타가 바늘구멍에 들어가는 것보다 더 어렵다…

오늘 본문은 하나님은 만홀히 여김 받는 것을 가장 싫어하신다고 말한다.(God is not mocked. God cannot be mocked.)

mock라는 뜻은 하나님을 가볍게 여기고 갖고 논다는 뜻이다.

하나님은 우리들이 가지고 마음대로 처리하는 대상이 아니다. 우리의 악세서리가 아니다. 우리가 폼 잡고 차고 다니는 완장이 아니다.

하나님은 우리가 온 마음과 힘과 의지와 정성을 다해 섬겨야하고 그 이름 앞에 엎드러지고 경배해야 할 유일한 우리의 신이시다. 우리가 그 존재와 이름을 지극히 높여드려려 하는 그런 분이시다. 그러면 어떻게 하나님의 권위를 회복시켜 드릴 수가 있는가?

우선 하나님을 경외해야 한다.

히브리말로 포베타이라는 말이 있다. 우리말로는 경외라는 뜻이다. 영어로 fear, 혹은 aweful이라고도 번역되어 있다. 즉 "하나님을 두려워하는 마음으로 경배한다"는 뜻이다.

사도행전 10장을 보면, 시몬 베드로가 고넬료 집에 초청받아 거기서 설교를 하는 장면이 나온다. 10장 2절에 고넬료를 이렇게 소개하고 있다. "그가 경건하여 온 집안과 더불어 하나님을 경외하며 백성을 많이 구제하고 하나님께 항상 기도하더니"(2절)라고 되어 있다. 여기서 경외라는 것도 God-fearing이다. 즉 하나님을 무서워하며 존경한다는 의미이다. 그냥 공포에 질려 무서워하는 그런 게 아니다. 가볍게 여기지 않는, 즉 본문 말씀처럼 mock하지 않는 것이다.

그래서 지혜로운 자는 여호와를 경외하는 자이다. "여호와를 경외하는 것이 지식의 근본이거늘, 미련한 자는 지혜와 훈계를 멸시하느니라"(잠 1:7)고 말씀하고 있다.

하나님은 우리를 통해 존귀히 여김을 받으시기를 원한다. 우리가 마음대로 우리 취향에 맞게 바꾸면서 처리하는 대상이 아니다. 그래서 우리는 예배뿐 아니라 매사의 삶을 하나님을 경외하는 마음으로 하여야 하고, 하나님을 높여드리는데 최선을 다해야 한다.

그래서 교회에서도 모두가 그 분의 이름 하나로 모이고 그 분의 이름을 존귀케 해야 한다. 천지를 창조하시고 자기 독생자를 이 세상에 보내어 우리 죄를 사하기 위해 죽게 하신 바로 여러분과 제가 아는 유일하신 신이신 하나님이시다. 우리는 하나님을 두려워하고 어려워해야 한다.

　우리 선배들은 지금 우리보다 하나님을 더 경외했던 것 같다. 세태가 그런지 몰라도, 우리는 너무 인간중심의 편리함을 찾는 건 아닌지? 내가 신앙을 처음 받아 들인지 3~4년 후 대학 다닐 즈음에는, 금요일 저녁에 지금같이 심야기도회가 아니라 철야기도를 했었다. 말하자면 밤을 꼬빡 새었다. 그저 철야기도는 그렇게 한다고 생각하고, 기도회에 참석하면 성도 모두가 밤 새워 기도를 했다. 지금은 별 그런 분위기가 안 되지만 가끔 기도원 근처 산에 가서 울부짖곤 했다. 우리보다 앞선 선배들은 주일을 거룩하게 지키기 위해 시장을 미리 다 봐놓고 별 일 없으면 가능하면 주일은 하나님 위주의 삶을 살아가려고 노력했다. 주일 아침 주일학교 교사 8시에 교회 오면 저녁 예배 8시에 마치고 찬양 연습 때까지 교회에 살았다. 그러니 그때 틈만 나면 청년들은 모여 찬양을 즐겨했다. 그런데 지금은 너무 힘들지 않은가?

　그동안 우리는 너무 인간 중심으로 나아갔다. 스피드 시대에 우리의 신앙 형식은 바뀔 수 있지만, 문제는 우리의 마음가짐조차 너무 하나님 중심이 아닌, 인간 중심으로 모든 게 설정되어 있다. 그러다보니 하나님을 두려워하지 않는다. 심지어 업신여기기도 한다.

　나에게 이런 체험이 있다. 십일조가 하나님께 드리는 예물이라고 했을 때, 정확하고 감사하는 마음으로 해야 하는 데도 온전히 출석하는 교회에 드리지 못하고, 내 마음대로 총액을 이리 저리

나누어 자의로 한 적이 있다. 하나님을 경외할 줄 몰랐던 것이다.

지금도 나는 아직 그러지 못하는데, 교회 재정을 담당하다 보면, 새 돈으로 정성스레 준비했다가 헌금하는 사람을 볼 수 있다. 형식이 있는 곳에 마음이 있다. 우리의 시간과 물질과 믿음을 주님을 경외하는 마음으로 주님께 드릴 때, 우리의 인생은 절대로 폐망하지 않을 것이다.

갈12:13 "일의 결국을 다 들었으니 하나님을 경외하고 그 명령들을 지킬지어다. 이것이 모든 사람의 본분이니라. Fear God and keep his commandments, for this is the whole duty of men."

잠 28:14에도 "항상 경외하는 자는 복되거니와 마음을 완악하게 하는 자는 재앙에 빠지리라. Blessed is the man who always fears the Lord."고 말하고 있다.

둘째, 하나님을 경외하는 사람은 하나님의 이름을 욕되게 하는 사람에게는 적대감을 드러낸다. 우리가 잘 아는 다윗과 골리앗의 싸움을 생각해 보자. 사무엘상 17장 41절부터 54절까지는 다윗이 골리앗을 물리치는 장면이 나온다. 무지막지하게 사납고 덩치가 큰 블레셋 사람들은 소년 다윗을 보고 업신여겼다라고 말하고 있다. 블레셋 사람이 뭐라고 하는가? 41절에 "그 블레셋 사람이 또 다윗에게 이르되 내게로 오라 내가 네 살을 공중의 새와 들짐승에게 주리라"라고 말하고 있다. 이에 다윗은 어떻게 응대 하는가? 45절에 "너는 칼과 창과 단창으로 내게 나아오거니와 나는 만군의 여호와의 이름 곧 네가 모욕하는 이스라엘 군대의 하나님의 이름으로 네게 나아가노라"라고 응대한다.

그렇다. 하나님의 이름이 업신여기고 훼파되는 것을 다윗은 견딜 수가 없었다. 결과는 어떠한가? 다윗의 완벽한 승리이지 않는가?

우리는 자살하는 사람을 간혹 본다. 믿음 좋은 신도도 이 세상일에 못 견뎌 자살하는 경우를 말이다. 오죽하면 그랬겠느냐는 이해도 일면 가지만, 이건 아니다. 우리는 이미 우리가 우리 몸이 아니지 않는가? 그리스도의 피 값으로 사들여진 존재이다. 갈 2:22에 "내가 그리스도와 함께 십자가에 못 박혔나니, 그런즉 이제 내가 사는 것이 아니요 내 안에 그리스도께서 사신 것이라. 이제 내가 육체 가운데 사는 것은 나를 사랑하사 나를 위하여 자기자신을 버리신 하나님의 아들을 믿는 믿음 안에서 사는 것이라." 라고 말씀하고 있지 않은가?

내 한 사람만 욕 들어 먹으며 될 일이 아니다. 우리는 이를 꼭 명심해야 한다.

그런데 이러한 것을 의식하지만 내 신앙이 안 따라가지고, 죄를 짓고 하면 바로 신앙의 균열이 일어난다. 위선이 생겨나게 된다. 억지로 형식은 갖추는데 내용이 뒤따라가지 못할 때 말이다. 그러니, 우리는 늘 신앙의 내용을 채우기 위해 말씀을 읽고 성령 충만해야 하지 않을까?

셋째, 오늘 본문 말씀에 사람이 무엇이든지 심던지 그대로 거두어들인다고 한다. 이는 지극히 상식적인 말이다. 속담에 콩 심은

데 콩나고 팥 심은데 팥난다라는 말도 있지 않은가? 우리는 노력은 하지 않고 기도로 무엇을 바라는 경우가 있다. 마가복음 2장에 보면 가버나움 중풍병자를 낫게 하기 위해 지붕을 뚫고 들어가기도 하고, 베데스다 못가의 환자는 병을 낫게 하기 위해 38년간이나 시도하다 예수님을 만나 치료받지 않았던가?

욥을 보자. 우리는 환란을 통해 우리의 신앙이 더욱 다져질 수 있을 것이다. 우리의 세상의 형통함이 우리 삶에 독이 될 수도 있고, 우리의 세상의 어려움이 오히려 신앙에 플러스가 될 수 있다.

하나님을 믿는 사람들에게도 고난이 오는 것은 당연하다. 예수님이 휘황찬란한 왕관을 쓰시고 승천하셨는가? 예수님께서 호화로운 궁궐에 만사형통을 경험하며 본인은 사시다가 우리에게는 십자가의 길을 가라고 하셨는가? 아니다. 본인이 하나님이 명하신 고난의 길을 끝까지 가셨다. 우리에게 그 길을 통해 가야할 길을 제시해주셨다.

부귀영화를 하나님의 축복이라 착각하지 마시라. 우리는 심은 대로 거둔다. 노력한 만큼 결실한다. 그게 하나님이 주신 자연적 이치이다.

그래서 우리는 시기할 필요가 없다. 갈6:4 또 다른 사람과 비교할 필요가 없다. 적당한 때에 at the proper time 하나님께서 허락하신다. 하나님의 때가 있다. 그런데 여기엔 하나의 조건이 있다. 만약 우리가 포기하지 않는 다면 말이다. 포기 give up 하지 않는 것이 중요하다. 10년 만에 이루어질 수도 있고, 40년 만에 이루어질 수도 있다. 또 당장 이루어지는 것도 있다. 우리는 하나님의 때를 바라보며 인내하며 기다리는 믿음이 필요하다.

독일의 작가 뫼리케E. Mörike는 이렇게 시를 지었다.

"주여 나에게 과한 축복도 주지마시고, 너무 빈 한 것도 주지 마소서. 적당한 정도의 것을 주옵소서."

새벽부터 우리 사랑함으로써
저녁까지 씨를 뿌려봅시다
열매 차차 익어 곡식 거둘 때에
기쁨으로 단을 거두리로다

씨를 뿌릴 때에 나지 아니할까
염려하며 심히 애탈지라도
나중 예수께서 칭찬하시리니
기쁨으로 단을 거두리로다

거두리로다 거두리로다
기쁨으로 단을 거두리로다
거두리로다 거두리로다
기쁨으로 단을 거두리로다
(찬송가 496장 '새벽부터 우리')

진리의 길, 생명의 길

나에게 하나님은 어떤 존재로 와 계신가? 복 주시는 자? 해결사? 위로함 주는 자? 인생의 목표를 주신 자? 인도자? 구원자? 복주머니? 도깨비 방망이?

그런데 정작 중요한 것은, 객체로 존재하시는 하나님은 '스스로 있는 자'이시므로, 우리가 어떤 식으로 하나님을 인식하며, 하나님과의 관계를 어떻게 형성하는가가 문제일 것이다.

이제 이 시대를 살아간다. 어떤 시대인가? 때로는 우리에게 놀람과 좌절을 주기도 하고, 또 때로는 희망을 갖게 하는 현재이다. 바라본다는 것은 미래를 향한 현재 시점이 전제되어 있다. 이것은 우리가 성화되어가는 과정에 있기 때문에 우리의 신앙은 항상 진행 중이다. 그래서 개혁신앙이란 늘 리폼reform 되어간다는 것이 핵심 개념이다.

우리 각자의 자아는 어제를 벗고 내일을 향해 오늘을 충실히 살아가야 하는 인간들이다. 어제의 내가 없다면 오늘이 있을 수 없고, 또 오늘을 거쳐야만 내일을 바라볼 수 있다. 다시 말해 과거에 대한 철저한 성찰 없이는 미래에 대한 올바른 설계를 할 수가 없다. 또 오늘에만 정주할 수 없고 또 마냥 내일의 허황된 꿈만으로 현실을 채울 수는 없다.

헤세H. Hesse는 "정주定住하는 것이야 말로 죽은 삶"이라고 말한다. 늘 끊임없이 변화하는 모습이 아름답다는 뜻이다. 괴테J. W. v. Goethe도 『파우스트』에서 "인간은 노력하는 한 방황한다."고 이와 비슷한 말을 하지 않았던가?

그래서 우리는 특히 젊었을 때 위축되지 않고 많은 경험과 도전을 두려워하지 않아야 하는 것이다.

내가 가진 달란트를 주님이 원하시는 뜻에 따라 마지막으로 잘 사용해야 하고, 하나님 보시기에 멋있게 인생의 막을 내려야 하는 것이다. 하나님께 마지막으로 한 번 귀하게 쓰임 받다가 가야한다. 나의 거룩한 소명이 거기 있는 것이다.

나의 영원하신 기업 생명보다 귀하다
나의 갈 길 다 가도록 나와 동행 하소서
주께로 가까이
주께로 가오니
나의 갈 길 다 가도록 나와 동행 하소서
(찬송가 436장 '나의 영원하신 기업')